AF494157

BIBLIOTHÈQUE-LEDUC

ABRÉGÉ DU COURS

D'HARMONIE

Théorique et Pratique

PAR

ÉMILE DURAND

Professeur au Conservatoire National de Musique

Prix : **10** francs Net

Traité d'Harmonie complet *(Partie de l'Élève)* . . . . Prix net **25** Fr.

Réalisation des Leçons d'Harmonie *(Partie du Professeur* . . . . — **12** —

Traité d'Accompagnement au Piano. . . . . — **18** —

PARIS. ALPHONSE LEDUC, ÉDITEUR

3, rue de Grammont.

PRÉFACE

Un Traité d'Harmonie doit être à la fois une *grammaire* et un *diction-naire* des accords.

Or, si à l'état d'origine les accords sont peu nombreux, les *transforma-tions* qu'on peut leur faire subir fournissent une *multitude d'agrégations* qu'il importe d'étudier.

Pour n'en négliger aucune, M. Emile Durand s'est trouvé entrainé à des développements considérables qui font de son Traité d'Harmonie un ouvrage *aussi complet que possible*.

La faveur avec laquelle il fut accueilli dès son apparition (nous reproduisons d'ailleurs, d'autre part, le rapport que M. C. SAINT-SAËNS en fit à l'Institut de France) n'a fait que s'accentuer depuis.

Mais, si cet ouvrage convient d'une façon merveilleuse aux musiciens qui veulent devenir des *harmonistes consommés,* il est par cela même *trop com-plet* pour les nombreux élèves qui bornent leur ambition à connaitre les *élé-ments les plus essentiels* de l'Harmonie.

C'est à leur intention que M. Emile Durand a, sur notre demande, rédigé cet *Abrégé* en remplaçant les leçons *trop longues et trop difficiles* de son "Cours Complet" par d'autres *plus courtes et plus simples*. Il en a aussi retranché celles qui ont pour objet l'emploi de certaines agrégations peu usitées afin de n'y laisser que les *connaissances nécessaires* pour être en mesure d'écrire correctement des cho-ses faciles.

Cet Abrégé se trouve complété par un volume publié à part sous le titre de *"Réalisations"* et qui contient le *corrigé* des principales leçons, écrit par l'Auteur dans une forme aussi exempte de sécheresse et aussi musicale que le comporte le sujet à traiter.

C'est donc un attrait de plus et en même temps une garantie des servi-ces que peut rendre cet ouvrage ; aussi croyons-nous fermement que l'*Abrégé du Cours d'Harmonie* contribuera puissamment à vulgariser la *science des ac-cords* dont l'étude est indispensable pour *comprendre* la musique, en *faciliter* l'analyse, la transposition et même *la simple lecture*.

L'ÉDITEUR

INSTITUT DE FRANCE

RAPPORT fait par Mr CAMILLE SAINT SAËNS *au nom de la Section de Composition Musicale de l'Académie des Beaux-Arts sur le* **Traité d'Harmonie de** Mr Emile Durand.[*]

Paris, le 12 Novembre 1881.

Le Traité d'Harmonie que Mr EMILE DURAND a soumis à l'appréciation de l'Académie est un ouvrage *très-remarquable* qui porte à chaque page l'empreinte de la *grande expérience* acquise par l'auteur dans la carrière de professeur. Sa lecture est *attrayante* et exempte de l'aridité si fréquente dans ces sortes d'ouvrages. — Sans apporter une nouvelle théorie à la musique, il conduit l'élève plus loin qu'on ne le fait généralement, d'une manière *habilement progressive*. Il apprend à l'élève à user de certains accords considérés ordinairement comme défendus, bien que les compositeurs s'en servent constamment depuis longtemps; il lui enseigne que les accords peuvent changer d'aspect suivant le degré de la gamme où ils sont placés, *observation très-importante* et ordinairement négligée.

La classification de cet ouvrage est d'une *excessive clarté*, de façon que l'élève ne peut s'y égarer malgré la richesse des matières qui le composent.

Les exemples dont Mr Emile Durand accompagne son ouvrage, sont écrits non seulement avec *pureté*, mais encore *avec élégance* et même *avec charme*.

En somme, c'est un ouvrage tout à fait *sérieux et utile*, qui est destiné à rendre de *grands services* à l'enseignement de la Musique; il est *digne des encouragements* de l'Académie.

---

[*] La Section de Composition Musicale se compose de MM. AMBROISE THOMAS, CHARLES GOUNOD, VICTOR MASSÉ, ERNEST REYER, JULES MASSENET et CAMILLE SAINT-SAËNS

ÉMILE DURAND.—ABRÉGÉ DU COURS D'HARMONIE

NOTIONS PRÉLIMINAIRES

§ **1.**—La *tonalité moderne*, base de notre système musical actuel, repose, principalement, sur les deux échelles de sons que l'on nomme *gammes diatoniques majeure* et *mineure*.

Pris dans une acception plus restreinte, le mot *tonalité* exprime l'ensemble des notes d'une gamme *diatonique*, quel que soit l'ordre dans lequel elles se suivent.

Le mot *ton* est très usité dans le sens de *tonalité*.

§ **2.**—Toute musique, mélodique ou harmonique, qui n'est composée que de *notes* faisant partie de la *gamme diatonique* du ton qui existe au moment de leur émission est du *genre diatonique*.

§ **3.**—Si l'on partage en *deux demi-tons* chacun des espaces *d'un ton* contenus dans une gamme diatonique, soit au moyen des *altérations supérieures*, soit au moyen des *altérations inférieures*, on obtient une échelle de sons procédant entièrement par *demi-tons* qu'on nomme *gamme chromatique*.

(L'espace d'un ton-et-demi, qui se trouve du 6ᵐᵉ au 7ᵐᵉ degré de la gamme diatonique mineure, devrait-être, nécessairement, partagé en trois demi-tons.)

(Les *rondes* représentent les *notes diatoniques*; les *points noirs* les *notes chromatiques* ou *altérées*.)

Paris. ALPHONSE LEDUC, Éditeur. A.L. 8802. (Gravé chez Alphonse Leduc.

§ **4.**—L'emploi *successif* ou *simultané* des notes *diatoniques* et des notes *chromatiques* ou *altérées*, constitue le *genre chromatique*, lequel a pour *bases* les diverses *gammes chromatiques* des *deux modes*.

§ **5.**—Enfin, un *3me genre* naît de la succession de certaines notes, telles que *do* ♯ et *ré* ♭, *sol* ♭ et *fa* ♯, *si* ♯ et *do* naturel, dont l'intonation est presque identique; et même, l'est absolument sur les instruments à clavier: c'est le *genre enharmonique*.

DES DEGRÉS

§ **6.**—On désigne, par le mot *degré*, chacune des notes d'une gamme diatonique.

Le 1er degré se nomme aussi *tonique*; le 2me, *sus-tonique*; le 3me, *médiante*; le 4me, *sous-dominante*; le 5me, *dominante*; le 6me, *sus-dominante*; le 7me, *note sensible*, ou simplement, *sensible*. (Le 8me degré, n'étant que la reproduction du 1er, se nomme comme lui, *tonique*.)

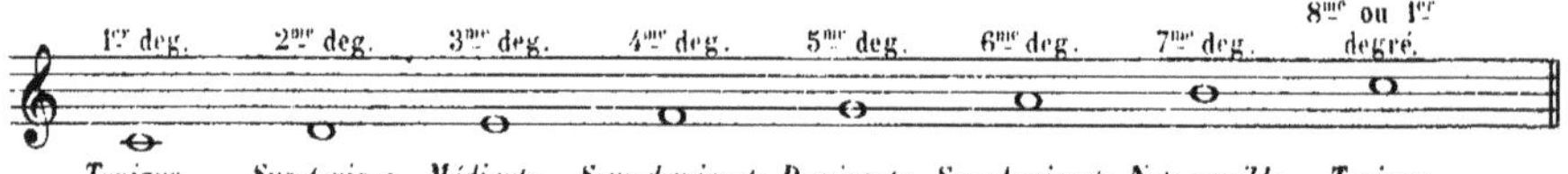

§ **7.**—On nomme *degrés conjoints*, deux degrés *contigus* formant un intervalle de *seconde*.

§ **8.**—On nomme *degrés disjoints*, ceux entre lesquels il y a un intervalle *excédant la seconde*.

EXERCICE

A chacun des *groupes de notes* ci-dessous, ajouter les *désignations* suivantes, disposées *comme dans le premier groupe*; savoir: 1° la *tonalité* et le mode; 2° le *degré* qu'occupe chaque note dans la gamme, ainsi que le nom qu'on donne à ce degré; 3° le rapport *conjoint* ou *disjoint* qui existe *entre les degrés qui se suivent*.

Nous indiquons les différents degrés par des *chiffres romains*.

Ton de *sol majeur*.

DES INTERVALLES

§ 9.—On nomme *intervalle*, la *distance* qui existe entre deux sons, *comme intonation.*

Les divers intervalles se mesurent par *tons* et par *demi-tons diatoniques* et *chromatiques*, en allant du *grave* à l'*aigu;* ils tirent leurs noms du *nombre* de *degrés diatoniques* dont ils sont composés.

D'après cela, l'intervalle formé de deux degrés diatoniques-conjoints est appelé *seconde;* celui de trois degrés, *tierce;* quatre degrés donnent une *quarte;* cinq degrés, une *quinte;* six degrés, une *sixte;* sept degrés. une *septième;* huit degrés, une *octave;* neuf degrés, une *neuvième.* On aurait, en poursuivant, la *dixième*, la *onzième*, etc.

TABLEAU DES INTERVALLES LES PLUS USITÉS

EXERCICES

Évaluer chacun des intervalles suivants. Le surmonter de sa désignation: 2de, 3^{ce} ou 4te etc: et indiquer, par dessous, sa *capacité* en tons et demi-tons.

Former au-dessus des notes suivantes les intervalles désignés.

INTERVALLES SIMPLES — INTERVALLES REDOUBLÉS

§ 10. — Un intervalle est *simple*, lorsqu'il n'est pas plus grand que l'octave juste; il est *redoublé*, lorsqu'il excède cette distance et, dans ce cas, il est considéré comme la *réplique* d'un intervalle simple à une ou plusieurs octaves au-dessus.

RENVERSEMENT DES INTERVALLES

§ 11. — *Renverser* un intervalle, c'est porter sa *note grave* à l'aigu ou sa *note aiguë* au *grave*. On ne peut *renverser* que les *intervalles simples*.

Par le renversement:

Un intervalle *majeur* a pour renversement un intervalle *mineur;* et vice versa;
Un intervalle *augmenté* a pour renversement un intervalle *diminué;* et vice versa.
Le renversement d'un intervalle *juste* est *juste* lui-même.

INTERVALLES MÉLODIQUES — INTERVALLES HARMONIQUES

§ 12. — L'intervalle qui se trouve entre *deux sons successifs* est un *intervalle mélodique;* celui qui se trouve entre *deux sons simultanés* est un *intervalle harmonique.*

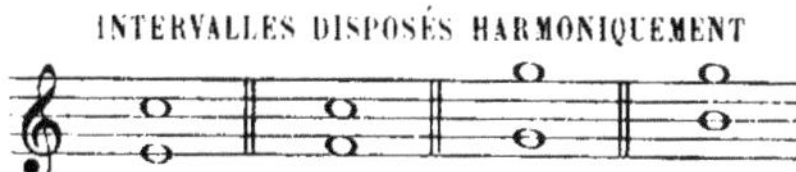

Des CONSONANCES et des DISSONANCES

§ 13. — On divise les intervalles harmoniques en deux classes principales, savoir:

1º Les *intervalles consonants* ou simplement les *consonances.*

2º Les *intervalles dissonants* ou simplement les *dissonances.*

§ 14. — Les *intervalles consonants* sont ceux qui donnent le *sentiment du repos.*

§ 15. — On compte *deux espèces* d'intervalles consonants, savoir:

1º Les consonances *invariables.*

2º Les consonances *variables.*

§ 16. — L'*unisson* et l'*octave juste*, la *quinte* et la *quarte justes* sont des **consonances invariables**; parce que ces intervalles ne pourraient être *ni agrandis ni amoindris sans perdre* leur caractère *consonant.*

§ 17. — La *tierce* et la *sixte* sont des **consonances variables**; parce qu'elles peuvent être *majeures* ou *mineures* et rester *consonantes.*

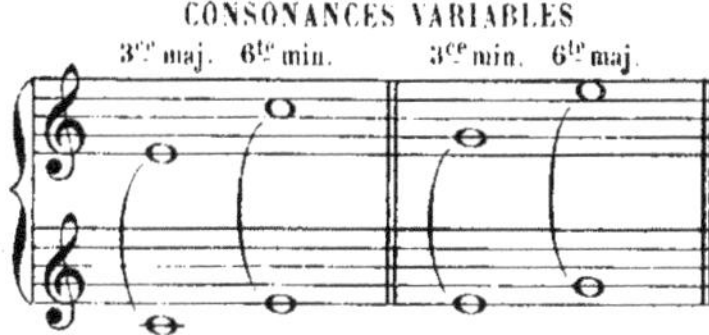

§ 18. — Les *intervalles dissonants* sont ceux qui ont, dans tous les cas, besoin d'une *résolution*, c'est-à-dire d'une *suite;* et qui, conséquemment, *excluent* toute idée de repos définitif ou de conclusion.

Par cette raison, toutes les *secondes*, toutes les *septièmes*, toutes les *neuvièmes* et tous les intervalles *diminués* ou *augmentés* sont des **dissonances**.

(Tous les intervalles harmoniques peuvent être *redoublés* (§ 10), *sans changer de nature*, comme consonances ou dissonances).

EXERCICE

Indiquer la nature des intervalles suivants: (2de 3ce 4te etc.); désigner les consonances *invariables* par *C.inv.;* les consonances *variables* par *C.var.;* et les dissonances par *D.*

DE L'HARMONIE,
des parties harmoniques et de leurs mouvements

§ **19.**—La *science de l'harmonie* a pour objet de faire connaitre les lois qui régissent la *formation* et *l'enchainement* des **accords.**

Elle enseigne aussi l'art d'écrire *à plusieurs parties.*

§ **20.**—On nomme *parties*, les différentes *suites mélodiques* qui, *réunies*, forment un *tout*, un *ensemble harmonique.*

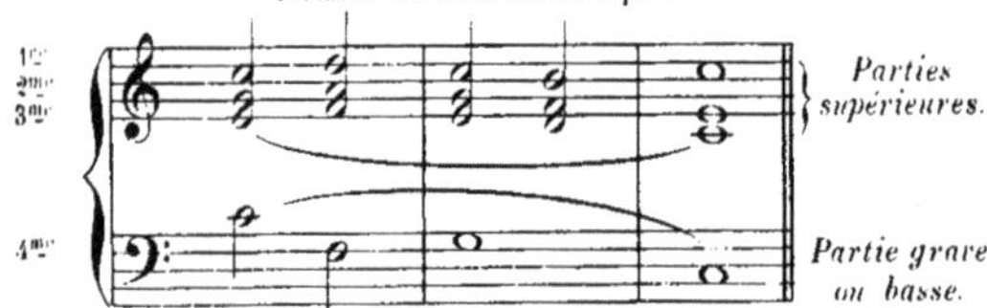

REMARQUES.—La partie *la plus haute* se nomme *1re partie* ou *partie supérieure.*

Celle qui lui est *immédiatement inférieure, 2me partie.*

Plus bas que celle-ci se trouve la *3me.*

Plus bas encore la *4me.*

Toutes les parties, autres que la plus grave, sont, relativement à celle-ci, les *parties supérieures.*

La partie *la plus grave* se nomme *basse,* à quelque voix, à quelque instrument qu'elle appartienne.

La *1re partie* et la *basse* sont encore appelées *parties extrêmes;* les parties du milieu, *parties intermédiaires.*

§ **21.**—On peut faire de l'harmonie à deux, trois, quatre parties et davantage.

Elle peut être disposée pour *plusieurs voix, plusieurs instruments* ou, seulement, pour un instrument à clavier: *orgue ou piano.*

§ **22.**—Le *mouvement de translation* d'un son à un autre dans *une même partie,* se nomme *mouvement mélodique.*

§ **23.**—L'ensemble de plusieurs mouvements mélodiques *simultanés* produit le *mouvement harmonique.*

DU MOUVEMENT MÉLODIQUE

§ **24.**—Le mouvement mélodique doit être *naturel* et *facile*; c'est pourquoi l'on ne doit procéder, dans chaque partie, que par intervalles ascendants ou descendants de seconde majeure ou mineure, tierce majeure ou mineure, quarte juste, quinte juste, sixte mineure et octave juste, ou par demi-ton chromatique, lorsqu'il y a modulation ou altération. (*) On doit préférer les petits intervalles aux grands.

§ **25.**—On peut aussi, et *surtout en montant*, faire le saut de sixte majeure, mais on doit ne pratiquer ce grand intervalle mélodique qu'avec réserve, et ne pas employer celui qui se trouve du 2me au 7me degré des deux modes.

§ **26.**—L'intervalle mélodique de *quinte diminuée* est également permis, mais seulement en descendant du *4me degré au 7me*, et cela, à la condition de faire monter ce 7me degré, note sensible, à la *tonique*, soit immédiatement, soit après avoir touché à la *sus-tonique*.

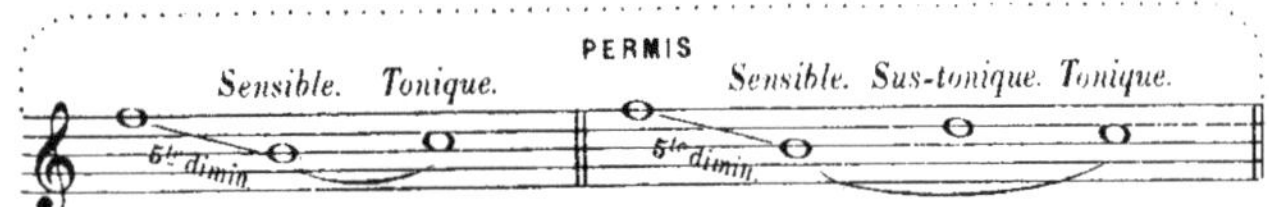

§ **27.**—Sont *généralement défendus:*
Tous les intervalles de septième, neuvième et *au delà*, ainsi que les intervalles *diminués* ou *augmentés*, sauf l'exception précédente, concernant la *quinte diminuée*, et d'autres exceptions dont il sera parlé plus tard. (**)

EXERCICE

Désigner par la lettre P les *intervalles mélodiques* permis, et par la lettre D, ceux qui sont défendus.

(*) On emploie, parfois, l'expression de *saut mélodique* pour celle d'*intervalle mélodique* par degrés disjoints. On peut donc dire: « *le saut de 3ce de 4te etc....* »; mais on ne dirait pas: *le saut de 2de* ».

(**) Ces règles ne sont rigoureusement appliquées que dans l'*harmonie élémentaire*. (Les limites de cet Abrégé ne nous permettent pas d'entrer dans tous les détails que comportent à ce sujet les §§ 1248 à 1252 du Cours Complet.)

DU MOUVEMENT HARMONIQUE

§ **28.**—Les mouvements respectifs des parties donnent lieu à *trois combinaisons*, savoir:

1° Le *mouvement direct*, qui a lieu lorsque les parties *montent ensemble* ou *descendent en même temps*.

MOUVEMENT DIRECT

2° Le *mouvement oblique*, qui a lieu lors-qu'une partie *reste au même degré* tandis que l'autre *monte* ou *descend*.

MOUVEMENT OBLIQUE

3° Le *mouvement contraire*, qui a lieu lors-que les parties marchent en *sens inverse*, c'est-a-dire que l'une *monte* pendant que l'autre *descend*.

MOUVEMENT CONTRAIRE

De ces trois mouvements, le *plus élégant* est le *mouvement contraire*; le *mouvement oblique* tient le *second rang*; le *mouvement direct*, le *troisième*.

On doit procéder, le plus possible, par mouvement *contraire* ou mouvement *oblique*.

EXERCICE

Désigner les divers mouvements harmoniques ci-après.

Des **QUINTES**, des **OCTAVES** et des **UNISSONS CONSÉCUTIFS**

§ **29.**—Il est défendu de faire *de suite*, deux ou plusieurs *quintes justes*, deux ou plusieurs *octaves* ou *unissons*, soit par le mouvement *direct*, soit par le mouvement *contraire*.

Cela s'appelle faire des *quintes*, des *octaves* ou des *unissons consécutifs*.

Un *unisson* suivi d'une *octave*, ou une *octave* suivie d'un *unisson* sont également *défendus*, à moins que cette succession ne soit le résultat d'une permutation d'octave dans une partie ou dans deux; ce qui produit: pour le premier cas, un *mouvement oblique;* et, pour le second cas, un *mouvement contraire.*

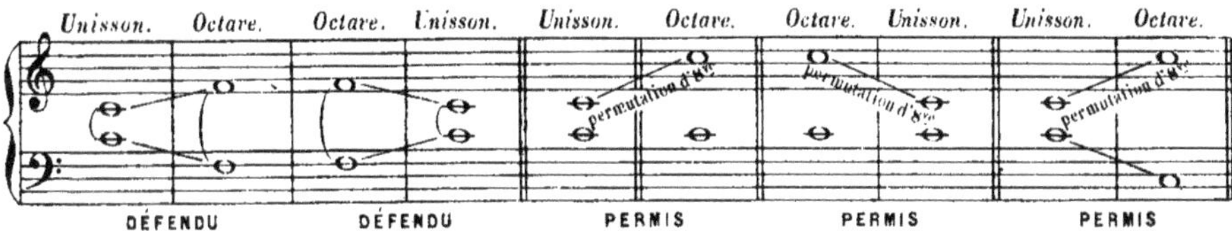

§ 30.—On peut *répéter*, plusieurs fois de suite, *une même quinte ou une même octave:* cela ne constitue pas *des* quintes ou *des* octaves consécutives.

De la QUINTE, de l'OCTAVE et de l'UNISSON DIRECTS

§ 31.—Il est défendu d'*aboutir* à une *quinte juste,* à une *octave* ou à un *unisson,* par le *mouvement direct.*

Cela s'appelle "faire la *quinte, l'octave* ou *l'unisson directs.*"

QUINTES, OCTAVES ET UNISSONS DIRECTS DÉFENDUS

EXCEPTIONS

§ 32.—On permet la *quinte directe* sur la *tonique* et surtout sur la *dominante,* pourvu que la *partie supérieure* aboutisse à cette quinte par *degrés conjoints.*

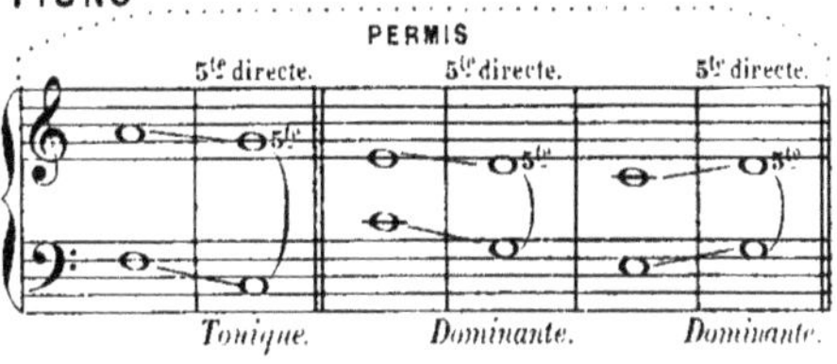

DES CROISEMENTS

§ 33.—Il est défendu de *croiser* les parties: c'est-à-dire qu'on ne doit pas faire descendre, même momentanément, *une partie supérieure* au-dessous d'une partie qui lui est *inférieure,* et *vice versa.*

EXERCICE
Découvrir et *indiquer les fautes* contenues dans l'exemple suivant.

PREMIÈRE PARTIE

HARMONIE CONSONANTE

CONTREPOINT NOTE CONTRE NOTE A DEUX PARTIES[*]

§ 34.—On entend par *contrepoint note contre note* à deux parties, un *chant* procédant par *notes égales*, accompagné par un *autre chant* ayant les *mêmes valeurs de notes*.

EXEMPLE D'UN CONTREPOINT NOTE CONTRE NOTE A DEUX PARTIES

CHANT AIGU

CHANT GRAVE

8	6	3	3	6	6	3	3	6	6	3	6	3	6	8
I	II	IV	III	VI	V	IV	III	II	III	IV	VI	IV	II	I

(Pour éviter toute confusion et abréger, nous donnerons le nom de *basse* au chant de la *partie grave*, n'appliquant le nom de *chant* qu'à la partie *supérieure* seulement.)

§ 35.—Dans le contrepoint note contre note à deux parties, on ne doit employer que des *consonances*. La quarte juste est la seule consonance qui n'y soit point admise.

On doit se servir plus souvent des consonances variables (tierces et sixtes majeures et mineures) que des consonances invariables (quinte et octave justes); parce que *ces dernières sont moins harmonieuses* que les premières.

Au reste, il est bon d'entremêler les diverses espèces de consonances, pour obtenir de la variété dans les effets.

§ 36.—Pour l'étude préparatoire qui *nous occupe*, nous donnerons la *partie grave* que nous nommerons *basse donnée*.

§ 37.—Le choix de l'*intervalle harmonique* à employer sur chaque note de la *basse donnée* sera déterminé:

1º Par la place qu'occupe cette note dans la gamme: 2º Par les mouvements *conjoint* ou *disjoint*, *ascendant* ou *descendant* de cette note à la note suivante.

(Le tableau ci-après indique ce qui convient à *chaque degré*, selon les *mouvements de la basse.*)

§ 38.—Bien que la **tierce** convienne à tous les degrés, on évitera d'en faire plus de *trois* ou *quatre* de suite dans une *même direction*, c'est-à-dire: *toutes en montant* ou *toutes en descendant*. On évitera même d'en faire plus de deux par *degrés disjoints* et *mouvement direct*, dans une *même direction*. Mais, par le *mouvement contraire*, on pourra faire un *nombre illimité* de tierces.

Les règles relatives aux suites de **sixtes** sont les mêmes que celles concernant les *suites de tierces*.

---

[*] Nos exercices de contrepoint n'ayant pour but que de *préparer à l'étude de l'harmonie*, nous ne les avons pas soumis aux *règles sévères du contrepoint rigoureux*.

TABLEAU INDICATIF
des Intervalles harmoniques à employer sur les divers degrés
de la gamme majeure et de la gamme mineure

Désignation des degrés	Pour le cas où la note de basse procède à la note suivante par *degrés conjoints,* ou quelquefois par intervalles de *tierce* ou de *sixte.*			Pour le cas où la note de basse procède à la note suivante par *degrés disjoints* et surtout par intervalles de *quarte* ou de *quinte.*		
	de préférence	moins souvent	rarement	de préférence	moins souvent	rarement
Ier Tonique	3ce ou 5te	8ve	6te ou Unisson	3ce ou 5te	8ve	Unisson
IIme Sus-tonique	3ce ou 6te		5te en majeur seulement (le 2me degré suivi du 3me)	3ce ou 5te (la 5te en majeur seulement)	6te	8ve
IIIme Médiante	3ce ou 6te		5te en majeur seulement et très-rarement	3ce ou 6te		5te en majeur seulement et très-rarement
IVme Sous-domte	3ce ou 6te	5te (a)	8ve	3ce ou 5te (a)	(a) La 5te ne doit jamais être employée sur le 4me degré lorsqu'il est précédé de la dominante accompagnée de sa 3ce. La 6te est ce qui convient le mieux en pareil cas au 4me degré.	6te ou 8ve
Vme Dominante	3ce ou 5te		6te ou 8ve	3ce ou 5te	8ve	
VIme Sus-domte	3ce ou 6te		5te	3ce ou 5te	6te	8ve
VIIme Sensible	3ce ou 6te			3ce ou 6te		

DES EXERCICES A DEUX PARTIES SUR UNE BASSE DONNÉE

Pour l'application de toutes les règles qui précèdent, nous allons donner *des basses* sur chacune desquelles on devra composer *deux ou trois chants* aussi différents que possible.

Ces chants devront être faciles, naturels, n'embrassant chacun qu'une *petite étendue*, et ne dépassant jamais, ni au grave ni à l'aigu, les limites tracées dans l'exemple suivant.

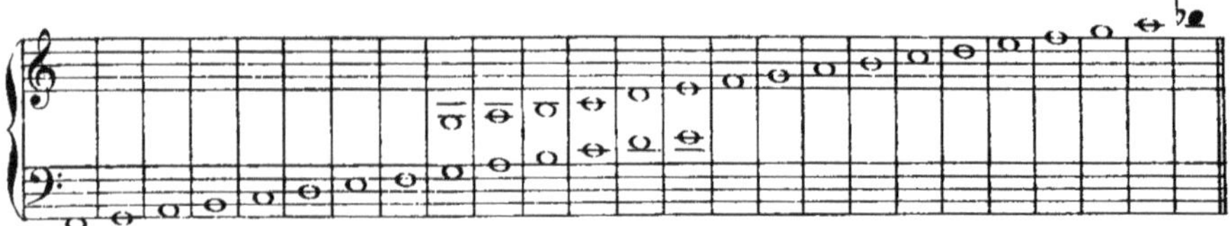

DISPOSITION DE TROIS CHANTS SUR UNE BASSE DONNÉE

Le *chiffre Romain* placé au-dessous de chaque *note de basse*, indique le *degré* que cette note occupe dans la gamme; le *chiffre Arabe* placé au-dessus de cette même note, représente l'*intervalle harmonique* que forme, avec elle, la *partie supérieure*.

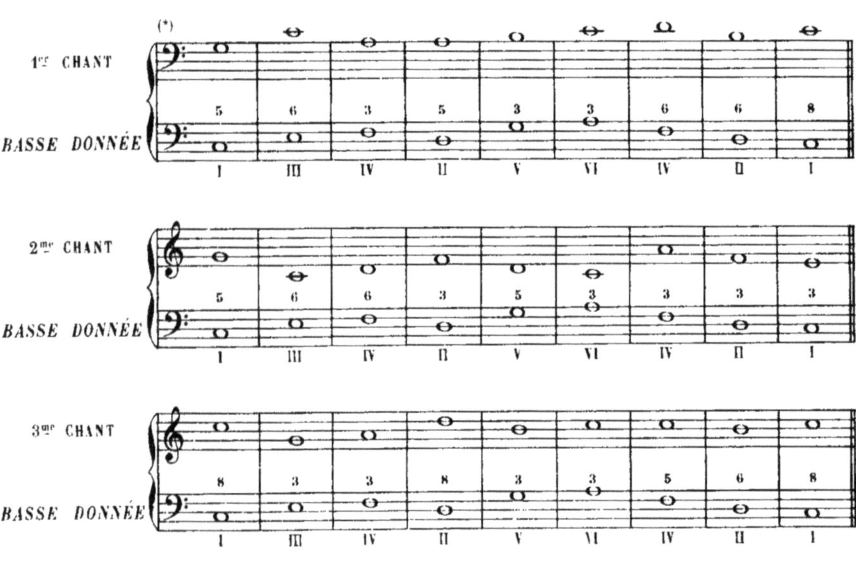

DE LA PREMIÈRE MESURE

§ 39.—La *première mesure de la basse* étant toujours occupée par la *tonique*, la partie supérieure doit commencer par la *tierce*, la *quinte*, l'*octave* ou l'*unisson*: **jamais par la sixte**.

(*) Nous avons écrit ce chant en *clé de Fa*, parce qu'il eut été *un peu bas* pour la *clé de Sol*. On pourra faire de même quand pareil cas se présentera.

DES DEUX DERNIÈRES MESURES

§ **40.**—Le second degré, qui occupe l'avant-dernière mesure de la basse, ne peut porter que la tierce ou la sixte.

Cette sixte (note sensible) doit alors monter à la tonique, octave de la basse (dernière mesure) (*);la tierce du second degré doit, au contraire, descendre à la médiante, tierce de la tonique.

On n'a donc, pour terminer, que les deux formules suivantes:

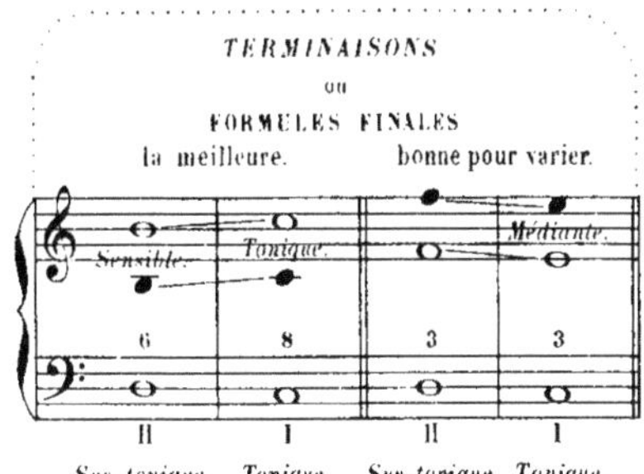

EXERCICES PROGRESSIFS

pour l'application des règles concernant l'harmonie à Deux parties.

Composer deux ou trois chants aussi différents que possible sur chacune des basses suivantes.

MODE MAJEUR

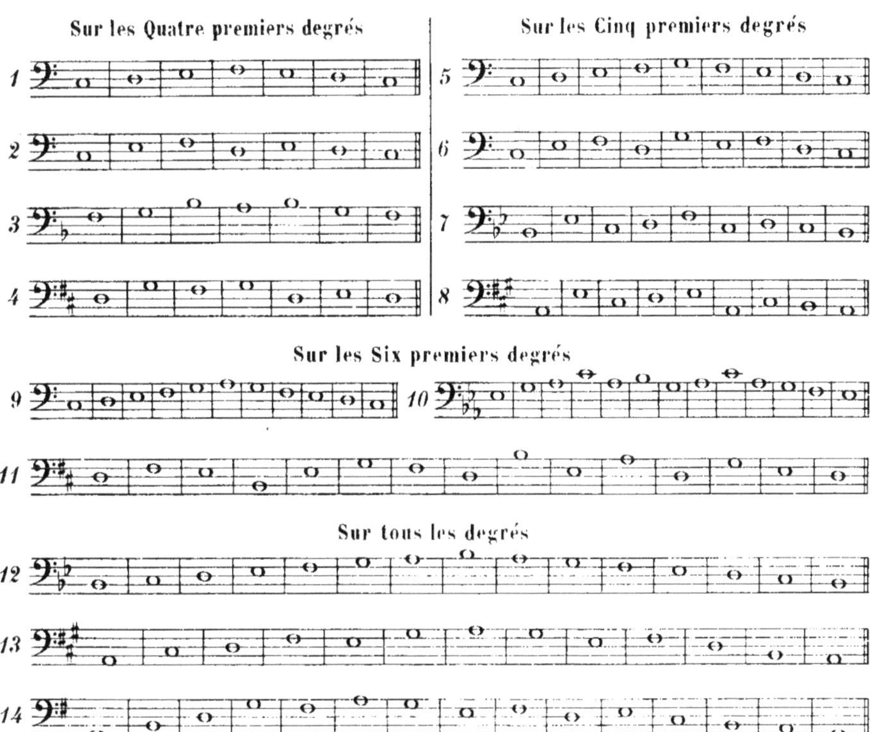

(*) En général, la *note sensible* doit être *suivie de la tonique* lorsqu'elle *n'en a pas été précédée;* à moins que les accords employés ne le permettent point.

MODE MINEUR

INTERVALLES MÉLODIQUES PERMIS

§ 41.—On autorise, en **mineur,** outre les *intervalles mélodiques* déjà permis en majeur.

1º la *quarte diminuée,* en descendant du 3ᵐᵉ degré au 7ᵐᵉ, et dans les conditions spécifiées au § **26**, concernant la *quinte diminuée.*

2º la *seconde augmentée,* en montant du 6ᵐᵉ degré au 7ᵐᵉ pour aboutir à la *tonique,* soit immédiatement, soit en passant par la *sus-tonique.*

INTERVALLES HARMONIQUES

§ 42.—Les *intervalles harmoniques* à employer sur les divers degrés de la gamme sont *les mêmes* qu'en majeur, sauf les exceptions suivantes:

1º le *2ᵐᵉ* degré, dont la *quinte* est *diminuée,* ne pourra porter que *tierce, sixte* ou *octave.* (Ce dernier intervalle, au cas seulement où la basse procèderait par *degrés disjoints.*)

2º le *3ᵐᵉ* degré, dont la *quinte* est *augmentée,* ne portera que *tierce* ou *sixte.*

§ 43.—L'*altération* produisant la *note sensible* du mode mineur devra être indiquée, dans le *chiffrage,* de l'une des manières suivantes, selon le cas:

BASSES DONNÉES—MODE MINEUR

HARMONIE A TROIS ET A QUATRE PARTIES

DES ACCORDS

NOTIONS GÉNÉRALES

§ **44.**—On nomme *accord* l'union de plusieurs sons différents dont les rapports sont *tels* qu'on peut les faire entendre simultanément.

§ **45.**—Tout accord à l'*état d'origine* se compose de *trois, quatre* ou *cinq sons* appartenant à une même tonalité et formant une série non-interrompue de tierces superposées.

La note la plus grave d'un tel accord est appelée *note fondamentale;* les autres notes y remplissent les fonctions de *tierce*, de *quinte*, de *septième* et de *neuvième* de la fondamentale, selon que l'accord est de *trois*, de *quatre* ou de *cinq sons*.

(Ces qualifications sont conservées à chacune des notes constitutives d'un accord, de quelque manière qu'on en intervertisse l'ordre d'échelonnement.)

ACCORDS A L'ÉTAT D'ORIGINE

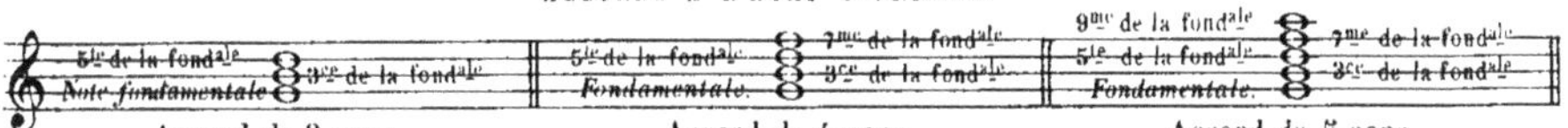

Accord de 3 sons.   Accord de 4 sons.   Accord de 5 sons.

§ **46.**—Les accords sont *consonants* ou *dissonants*.

§ **47.**—Les accords *consonants* sont ceux dont toutes les notes ne forment entre elles que des *intervalles consonants;* et qui, à l'état d'origine, ont le caractère du *repos absolu.* (§ 14)

§ **48.**—Les accords *dissonants* sont ceux qui renferment *une ou plusieurs dissonances*, lesquelles ont besoin d'être *résolues*, c'est-à-dire: d'avoir une suite; et, conséquemment, exigent le mouvement. (Voir le § 18)

§ **49.**—Il n'y a que des accords de *trois sons* qui puissent être *consonants;* car, si l'on ajoute, à trois sons en rapports consonants, un quatrième son quelconque, ce quatrième son sera, infailliblement, *en dissonance* avec l'un des trois premiers, et, dès lors, l'accord ne sera plus consonant.

§ **50.**—Il est bien entendu qu'on ne compterait pas pour un quatrième son, *le redoublement à l'octave* de l'un des trois sons de l'accord consonant, les *notes doublées* n'ajoutant rien à la constitution d'un accord.

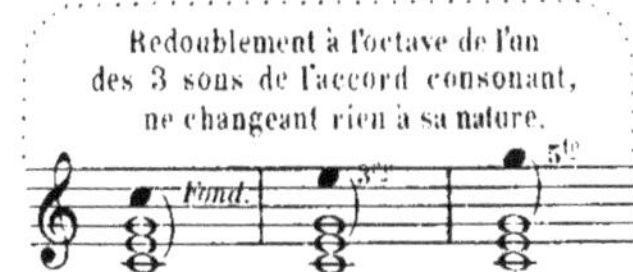

EXERCICE

Désigner par la lettre C ceux des accords suivants qui sont consonants, et par la lettre D ceux qui sont dissonants. Indiquer, pour ces derniers, l'intervalle qui les rend dissonants.

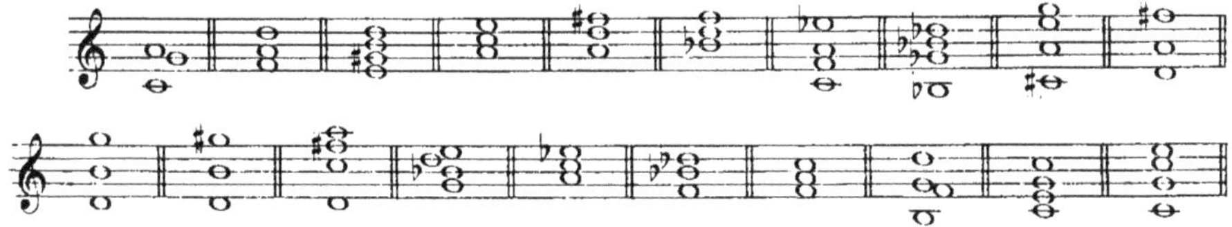

ACCORDS FONDAMENTAUX, ACCORDS RENVERSÉS ou DÉRIVÉS

§ 51. — Un accord est à l'*état fondamental* ou *primitif,* c'est-à-dire à l'état d'origine (§ 45) chaque fois que sa *fondamentale* occupe la *partie la plus grave* de l'harmonie; quel que soit, d'ailleurs, l'ordre d'échelonnement de ses notes supérieures.

Mais si la *partie grave* est occupée par une note de l'accord *autre que la fondamentale,* cet accord est à l'*état de renversement.*

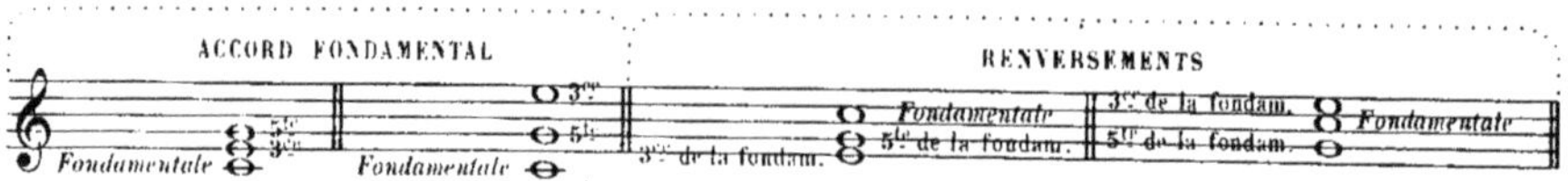

§ 52. — Pour savoir si un accord est *fondamental* ou s'il est *renversé,* il suffit de *rapprocher* de sa *note grave* toutes ses *notes supérieures.*

Si, par ce rapprochement des notes supérieures de l'accord vers la basse, on obtient une *série non-interrompue de tierces superposées,* c'est qu'il est à l'*état fondamental.*

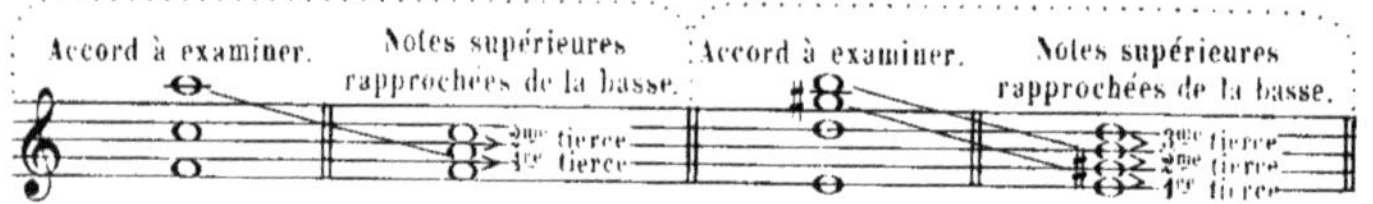

(*Résultat de l'opération.* — Les deux accords proposés sont *fondamentaux.*)

Si, au contraire, *une telle série de tierces* n'est pas obtenue par ce moyen, c'est que l'accord est à l'*état de renversement.*

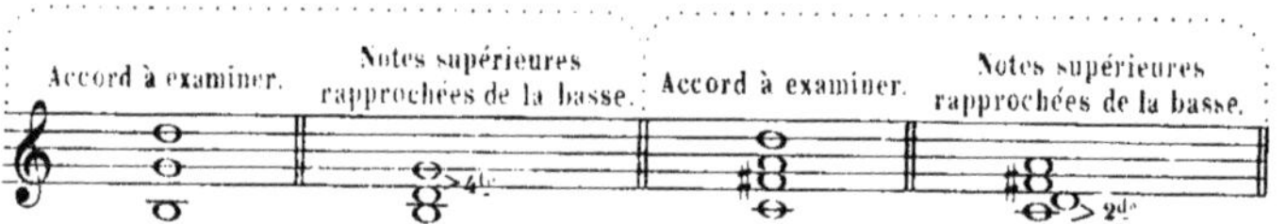

(*Résultat de l'opération.* — Les deux accords proposés sont des *renversements.*)
(Dans ces opérations, ainsi que dans les suivantes, on ne doit pas tenir compte des notes doublées.)   (Voir le § 50)

§ 53. — Après avoir constaté qu'un accord est à l'état de *renversement,* si l'on veut savoir quel en est l'accord *fondamental,* il faut faire descendre *la partie grave,* de tierce en tierce, en la faisant *suivre de près* par les autres notes de l'accord, jusqu'à ce qu'on ait obtenu la série de *tierces superposées* qui caractérise tout accord à l'*état primitif.*

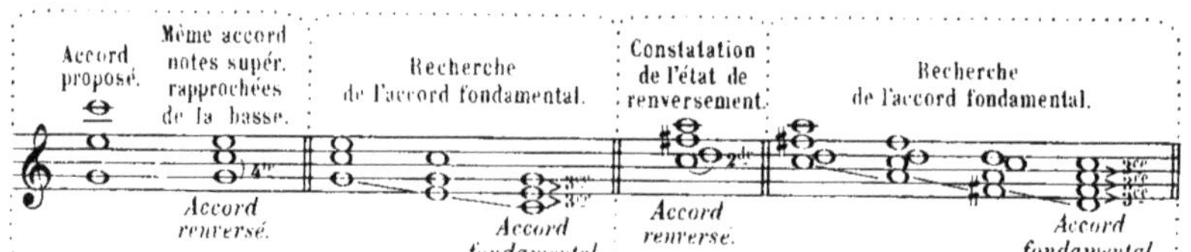

EXERCICE

Reconnaître, parmi les accords suivants, ceux qui sont *fondamentaux* et ceux qui sont *renversés;* puis, trouver l'accord fondamental de chacun de ces *derniers.*

DISPOSITION DES ACCORDS

§ **54.**—C'est à partir de la *basse*, et par rapport à elle, que l'on compte les divers intervalles dont un accord est composé.

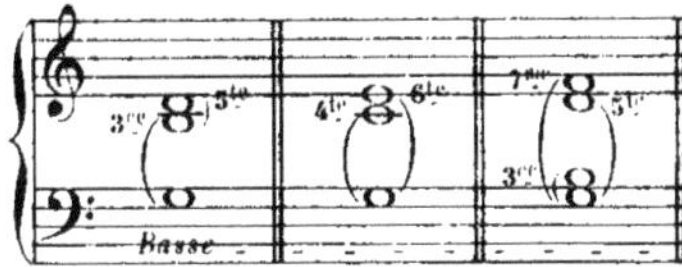

§ **55.**—On peut, sans changer la *nature* ni l'*état* d'un accord, en transporter les *notes supérieures* à une ou à plusieurs octaves de leur intervalle simple.

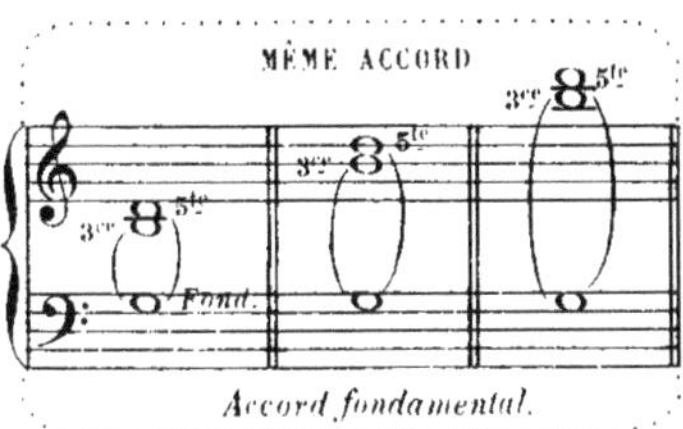

§ **56.**—On peut aussi, sans changer l'accord, intervertir l'ordre numérique de ses notes supérieures *au-dessus* de la *basse;* mais, celle-ci doit toujours rester la *note grave*, sans quoi, l'*état* de l'accord sera changé.

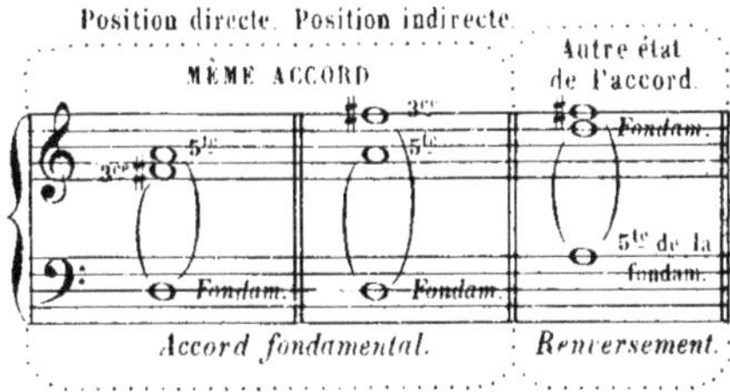

§ **57.**—Les diverses manières de disposer un accord sont appelées *positions :*

Les positions sont plus ou moins *serrées*, plus ou moins *larges* ou *espacées*.

§ **58.**—On peut écrire les accords: soit sur *deux portées*, comme dans les exemples précédents, soit sur *trois* ou *quatre portées*, comme dans l'exemple suivant.

Cette seconde disposition permet de mieux distinguer le *dessin* de chaque partie.

ACCORDS DE TROIS SONS

§ 59.—Les accords de *trois sons* à l'*état fondamental* ou *primitif* se composent d'une *note fondamentale*, de la *tierce* et de la *quinte* de cette note.

Il y en a de *trois espèces*, savoir: l'accord *parfait majeur*, l'accord *parfait mineur* et l'accord de *quinte diminuée*.

§ 60.—L'accord *parfait majeur* et l'accord *parfait mineur* sont les *seuls* vraiment *consonants*; parce qu'*eux seuls* peuvent donner la sensation *du repos absolu*.

L'accord de *quinte diminuée*, plus *dissonant* que consonant, à cause de sa quinte, est, cependant, généralement *admis* dans l'*harmonie consonante*; parcequ'il n'est pas *rigoureusement*, et dans tous les cas, soumis aux lois qui régissent les accords dissonants proprement dits; (il est parfois traité comme les accords parfaits eux-mêmes) et que, surtout, il *complète* la série des accords de *trois sons*.

DE L'ACCORD PARFAIT MAJEUR

§ 61.—L'accord *parfait majeur* se compose d'une *tierce majeure* et d'une *quinte juste*.

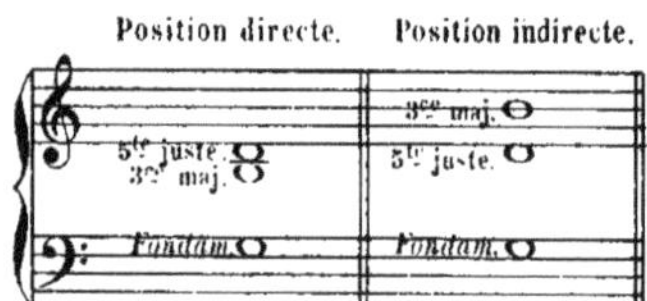

DE L'ACCORD PARFAIT MINEUR

§ 62.—L'accord *parfait mineur* se compose d'une *tierce mineure* et d'une *quinte juste*.

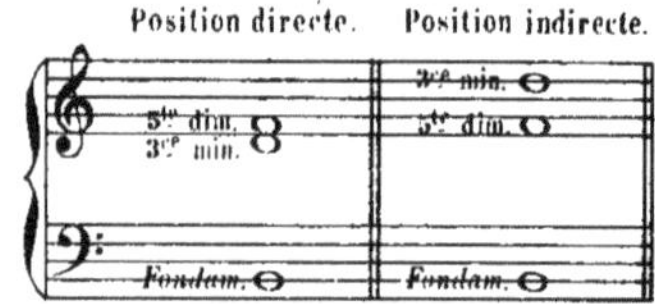

DE L'ACCORD DE QUINTE DIMINUÉE

§ 63.—L'accord de *quinte diminuée* se compose d'une *tierce mineure* et d'une *quinte diminuée*.

EXERCICES

Former les accords ci-après demandés et les disposer de deux manières (position directe et position indirecte) comme dans les exemples précédents.

BASSE CHIFFRÉE ET RÉALISATION

§ 64.—Pour l'étude de l'harmonie, on représente, tout d'abord, les *accords* par des *chiffres*, que l'on place *au-dessus de la basse*, et quelquefois *au-dessous*.

Une basse, ainsi accompagnée de chiffres, se nomme *basse chiffrée*.

§ 65.—La disposition précise et définitive des sons qui composent les accords, s'exprime au moyen de *notes*, et se nomme *réalisation*.

Réalisation des accords qui n'étaient *qu'indiqués* par la basse chiffrée précédente.

§ 66.—Le chiffre qui représente *un accord* ou une *partie d'accord*, représente avant tout, numériquement, *l'un des intervalles* dont cet accord est composé.

Ainsi, un accord désigné par un **5** contient, nécessairement, une *quinte*; un accord représenté par **4** et **6** doit renfermer une *quarte* et une *sixte*; (Voir l'exemple précédent.)

§ 67.— Aux chiffres on associe parfois des *signes accidentels:* ♯, ♭, ♮, ✗, ♭♭.

Un *accident*, placé devant un *chiffre*, indique que la *note* représentée par ce chiffre doit être affectée par le *même accident.*—Ainsi, un *dièse*, placé devant un **5**, veut dire que la *quinte* doit être *diésée*; un *bémol*, placé devant un **6**, veut dire que la *sixte* doit être *bémolisée*.

§ 68.—*Tout accident non suivi de chiffre* s'applique invariablement à la *tierce:* le **3** est sous-entendu.

§ 69.—*D'autres signes* peuvent encore être associés aux chiffres; tels sont:

1° Le signe de *diminution* des intervalles, qui consiste en une *petite barre* traversant obliquement le chiffre.

2° La *petite croix*, représentant la *note sensible* dans certains accords.

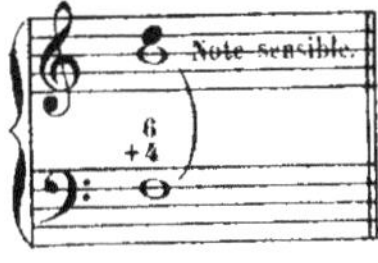

EXERCICE

Réaliser les accords représentés par des chiffres, de la même manière que le sont ceux des exemples qui précèdent. En indiquer les différentes espèces.

DE L'IMPORTANCE RELATIVE
des Accords de trois sons fondamentaux
et de la place qu'ils occupent dans les deux Modes

§ 70.—A l'exception du 3me degré du mode mineur, dont la quinte est *augmentée*, chacune des notes de la gamme majeure et de la gamme mineure peut porter un accord de trois sons à *l'état fondamental*.

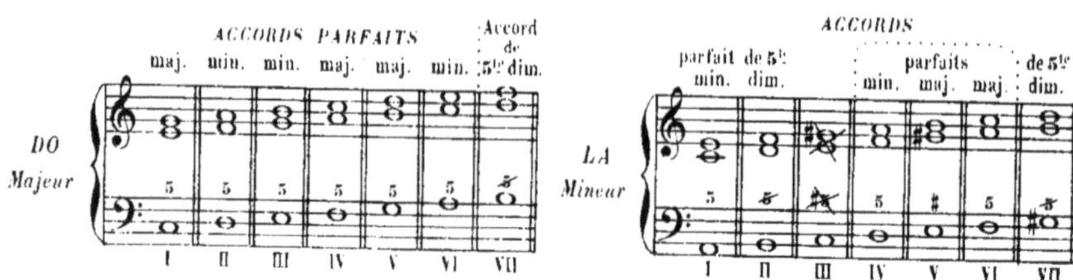

§ 71.—Mais tous ces accords n'ont pas la *même importance* et ne sont pas également usités. On les divise en accords de *premier*, de *deuxième* et de *troisième ordre*.

§ 72.—Les *accords de premier ordre* à l'état fondamental sont établis sur les 1er, 4me et 5me degrés, lesquels sont appelés *degrés de premier ordre* ou *degrés les meilleurs*.

§ 73.—Les *accords de deuxième ordre* à l'état fondamental sont établis sur les 2me et 6me degrés, lesquels sont appelés *degrés de deuxième ordre*; ce sont encore de *bons degrés*. [*]

§ 74.—Les *accords de 3me ordre* sont: *en majeur*, ceux des 3me et 7me degrés; et en *mineur*, celui du 7me degré seulement. [**]

Dans les deux modes, le 3me et le 7me degré sont appelés *degrés de troisième ordre* ou *mauvais degrés*.

§ 75.—En résumé, voici l'ordre d'importance des accords de trois sons fondamentaux, dans les deux modes.

EXERCICE

Désigner les *notes ou degrés de 1er ordre* des tons de *sol majeur, mi mineur, fa majeur* et *ré mineur*; les *notes ou degrés de 2me ordre* des tons de *ré majeur, si mineur, si ♭ majeur* et *sol mineur*, et enfin les *notes ou degrés de 3me ordre* des tons de *la majeur, fa ♯ mineur, mi ♭ majeur* et *do mineur*.

---

[*] En *bémolisant* le *mi* et le *la* des exemples donnés en *do majeur*, on obtient le *mode mineur*.

[**] Quand nous disons: *l'accord de tel degré*, nous voulons parler de l'accord de *trois sons* ayant *ce degré* pour *fondamentale*.

Il nous arrive même de ne désigner *que le degré*: en pareil cas, le mot *accord* est sous-entendu. Lors donc que nous écrivons: *enchaînement du 5me degré* au *1er*, c'est comme si nous disions: *enchaînement de l'accord parfait* du 5me degré à *l'accord parfait* du 1er degré.

SUPPRESSION et REDOUBLEMENT de NOTES
dans les Accords de trois sons fondamentaux

SUPPRESSION DE LA QUINTE

§ **76.**—Certaines convenances de réalisation peuvent, quelquefois, motiver la *suppression de la quinte* des accords de trois sons fondamentaux.—Il faut en excepter la *quinte diminuée* du 7ᵐᵉ degré, laquelle ne se *supprime pas*.

§ **77.**—La *quinte* d'un accord de trois sons étant *supprimée*, il faut: pour obtenir 3 parties, *doubler* l'un des deux autres sons; et pour en obtenir 4, les *doubler tous les deux* ou en *tripler un*.

§ **78.**—Les redoublements peuvent se faire à l'*octave*, à la *double-octave* ou à l'*unisson*. Mais, sauf exception, *on doit éviter l'unisson*, parcequ'il annule l'une des parties harmoniques.

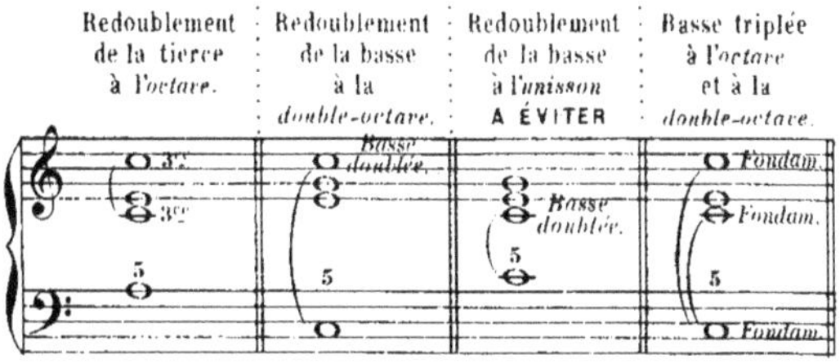

SUPPRESSION DE LA TIERCE

§ **79.**—La *tierce de la fondamentale* se supprime très rarement; et l'on ne doit pas se permettre cette suppression dans l'**harmonie élémentaire**.

REDOUBLEMENT DE LA FONDAMENTALE

§ **80.**—La *note fondamentale* est toujours *bonne à doubler*, à moins que cette note ne soit le 7ᵐᵉ degré, *note sensible*.

(Pour le redoublement du 7ᵐᵉ degré, voir plus loin, § 87.)

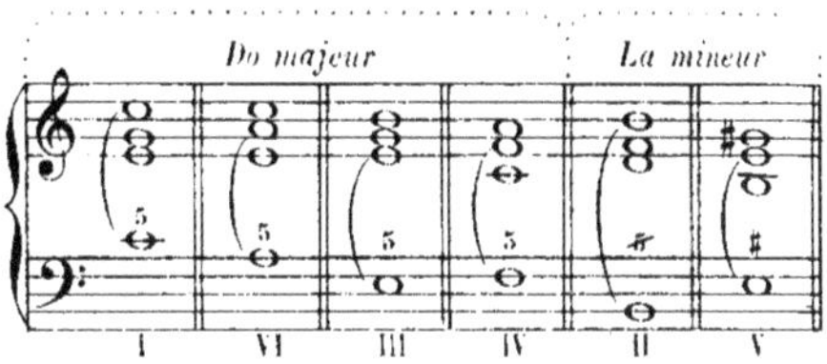

REDOUBLEMENT DE LA TIERCE
TIERCE MAJEURE DOUBLÉE

§ **81.**—La *tierce majeure* ayant beaucoup d'éclat, on la double *le moins possible*, excepté sur le 6ᵐᵉ degré du mode mineur, dont la *tierce majeure* est la *tonique*, degré de 1ᵉʳ ordre.

Quant à la *note sensible, tierce majeure* du 5ᵐᵉ degré, son redoublement est *rarement admissible*.

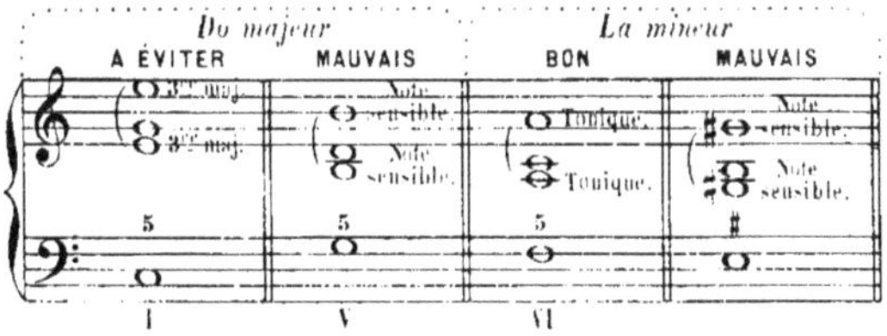

§ **82.**—La *tierce mineure* ayant moins d'éclat que la tierce majeure, on peut la *doubler* sans inconvénient, aussi bien dans l'*accord parfait mineur* que dans celui de *quinte diminuée*.

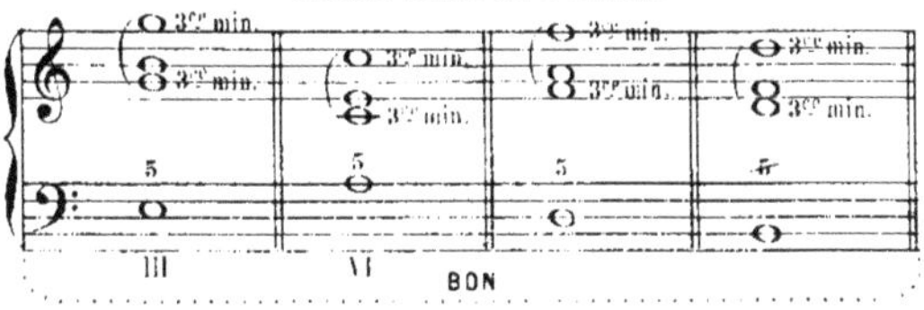

REDOUBLEMENT DE LA QUINTE

§ **83.**—On double parfois la *quinte* des *accords parfaits;* mais l'emploi de ce redoublement demande une grande attention, car il occasionne souvent des fautes telles que *quintes* ou *octaves consécutives.*

REDOUBLEMENT DES DEGRÉS DE PREMIER ORDRE

§ **84.**—On peut, généralement, doubler un *degré de 1er ordre,* quelle que soit la fonction qu'il remplisse dans l'accord; à moins qu'il n'y forme une *dissonance* comme la *quinte diminuée.* (§ 86)

ACCORD de QUINTE DIMINUÉE du 7me DEGRÉ, dans les DEUX MODES

§ **85.**—La *tierce* est la *meilleure note à doubler* dans cet accord.

§ **86.**—La *quinte diminuée* (dissonance) ne se double jamais, bien qu'étant 4me degré, de *1er ordre.*

§ **87.**—Quant à la *basse* (note sensible) on ne doit la doubler que dans les cas suivants:

1º Dans les successions par *intervalles disjoints,* et principalement dans les *progressions symétriques;*

2º lorsque l'accord du 7me degré est précédé de l'un de ceux du 3me ou du 5me, qui permettent de préparer cette *basse doublée* laquelle, dans ce cas, ne doit occuper qu'une *partie intermédiaire.*

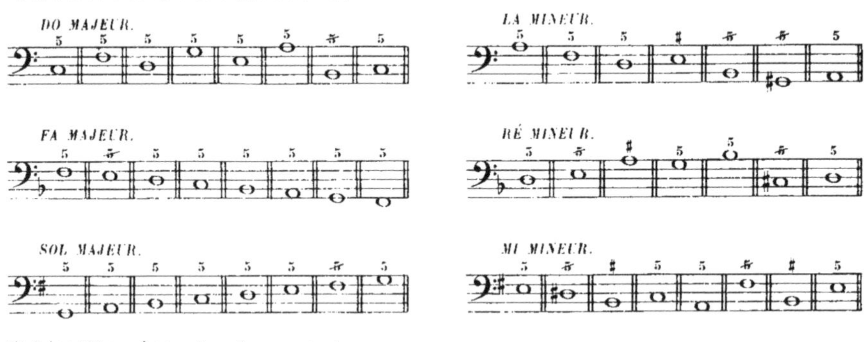

EXERCICE

Réaliser à **3** et à **4** *parties* les accords suivants; en se conformant aux règles précédentes, pour en *supprimer* ou en *doubler* telle ou telle note, selon le cas.

(*) Voir § 128 ce qu'on appelle *préparer une note.*

RÉALISATION DES ENCHAÎNEMENTS D'ACCORDS
à 3 et à 4 parties

§ 88.—Pour les **mouvements mélodiques**, (Voir les §§ 24 à 27)

MOUVEMENTS HARMONIQUES

§ 89.—Pour les *quintes*, les *octaves* et les *unissons consécutifs*. (Voir les §§ 29 et 30)

EXCEPTIONS

§ 90.—Quintes consécutives.— Deux quintes consécutives sont *permises* lorsque la *2de quinte* est *diminuée*, quelle que soit la nature de la *1re*; mais, l'enchaînement d'une *quinte diminuée* à une *quinte juste* est **défendu**.

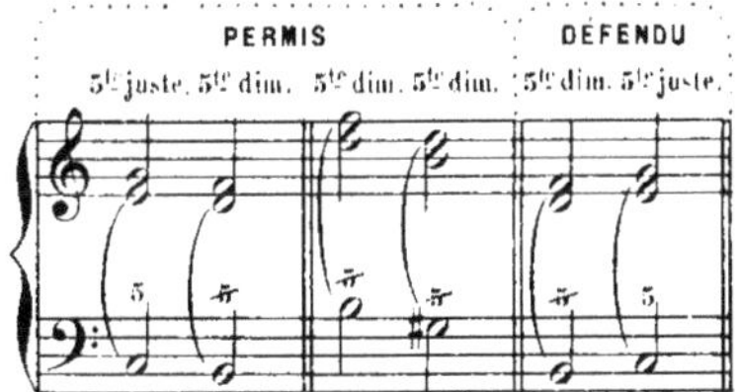

QUINTE DIRECTE

§ 91.—Parties extrêmes. On permet, entre les parties extrêmes, outre la *quinte directe* sur la *tonique* et la *dominante* (§ 32) *toute autre quinte directe* amenée à la *partie supérieure*, par mouvement descendant de *seconde mineure*.

QUINTES DIRECTES PERMISES

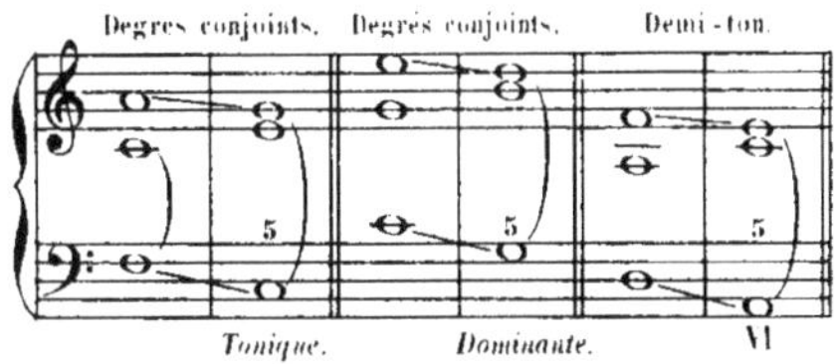

§ 92.—Parties intermédiaires. On permet la *quinte directe* entre l'une des *parties intermédiaires* et une autre *partie quelconque*, surtout si l'une de ces deux *parties* procède par *degrés conjoints*, ou bien encore, si la note formant *quinte* est *commune* aux deux accords qui s'enchaînent.

QUINTES DIRECTES PERMISES

OCTAVE DIRECTE

§ 93.—Parties extrêmes. On permet l'*octave directe* entre les parties extrêmes, lorsqu'elle est amenée par le *mouvement ascendant* de *seconde mineure* à la partie supérieure.

OCTAVES DIRECTES PERMISES

§ 94.—Parties intermédiaires. On permet l'*octave directe* entre l'une des *parties intermédiaires* et une *autre partie quelconque*, surtout si *la plus haute* de ces deux parties procède par *degrés conjoints*: ton ou demi-ton.

OCTAVES DIRECTES PERMISES

NOTIONS
propres à faciliter la réalisation correcte des enchaînements d'accords, en général; et, particulièrement, des enchaînements d'accords fondamentaux.

§ 95.—Constatons d'abord qu'il est impossible de disposer de la même manière *deux accords parfaits fondamentaux* se faisant suite immédiate, à cause des *quintes* ou des *octaves consécutives* qui en résulteraient.

§ 96.—Ajoutons que, sauf exception, on ne doit pas pratiquer le *mouvement direct* aux 4 parties à la fois; et qu'à 3 parties, ce mouvement n'est *admissible*, avec des accords fondamentaux, que sur une *basse* montant ou descendant de *quarte*.

ENCHAÎNEMENTS D'ACCORDS A TROIS ET A QUATRE PARTIES
avec une ou deux notes communes

§ 97.—Lorsqu'une *note* est *commune* à deux accords successifs, il est bon, généralement, de conserver cette *note commune* à la *même partie*; cela produit un *mouvement oblique*, mouvement le plus favorable à une réalisation correcte.

EXERCICE
Réaliser à 3 et à 4 parties les enchaînements d'accords suivants en *conservant les notes communes.*

ENCHAÎNEMENTS D'ACCORDS N'AYANT AUCUNE NOTE COMMUNE

§ 98.—*Deux accords fondamentaux* par *degrés conjoints* ne pouvant avoir de *note commune*, il est nécessaire que certaines parties procèdent par *mouvement contraire*, relativement à la basse.

EXERCICE
Réaliser à 3 et à 4 parties les enchaînements d'accords suivants, en employant les *mouvements contraires.*

RÉSOLUTION DU 4ᵐᵉ ET DU 7ᵐᵉ DEGRÉ
Notes attractives

§ 99. — Chaque fois que le 4ᵐᵉ et le 7ᵐᵉ degré font partie d'un *même accord*, le 4ᵐᵉ degré est *attiré* vers le 3ᵐᵉ; le 7ᵐᵉ degré, vers le 8ᵐᵉ (réplique du 1ᵉʳ) Cette tendance du 4ᵐᵉ et du 7ᵐᵉ degré les a fait qualifier de *notes attractives*.

§ 100. — En conséquence, lorsque l'accord de *quinte diminuée* du 7ᵐᵉ degré est suivi de l'accord parfait de la *tonique*, le 4ᵐᵉ degré (quinte du 1ᵉʳ accord) doit *descendre* à la *médiante* (tierce de la tonique). — De son côté, la *note sensible* monte à la *tonique*, par tendance. — L'obéissance à cette double attraction se nomme *résolution*.

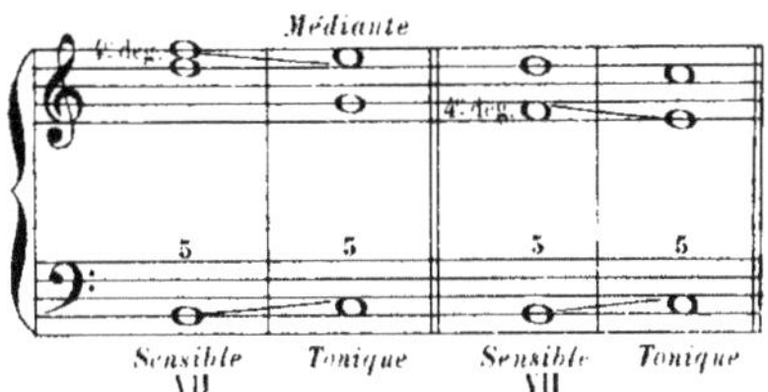

§ 101. — La *tendance* de la *note sensible* à *monter* à la tonique, bien que moins accusée, se fait encore sentir, lorsque l'*accord du 5ᵐᵉ degré*, dans lequel elle remplit la fonction de *tierce*, est suivi de l'*accord parfait du 1ᵉʳ degré* ou de *celui du 6ᵐᵉ*. (*)

§ 102. — C'est surtout dans les *fins de phrases* (§ 171) que cette *résolution ascendante* de la *note sensible* (tierce de la dominante) paraît *le plus nécessaire*. — Au *commencement* ou dans le *corps même* de la phrase, on peut quelquefois lui faire prendre une *autre direction*; principalement, quand elle a été précédée de la tonique.

EXERCICE

Réaliser à 3 et à 4 parties les enchainements d'accords suivants, en ayant le soin de bien *résoudre* les *deux notes attractives*. Indiquer ces résolutions par *un trait*, comme dans les exemples ci-dessus.

FA MAJEUR.

RÉ MINEUR.

SI♭ MAJEUR.

SOL MINEUR.

RÉ MAJEUR.

MI MINEUR.

(*) La *résolution* de la sensible sur la tonique ne permet pas d'avoir *complets* les deux accords de ces enchainements dans l'écriture à 3 parties: dans le premier, l'accord de tonique est *privé de sa quinte*; dans le second, c'est tantôt le 5ᵐᵉ degré et tantôt le 6ᵐᵉ qui en sont privés. — à 4 parties, on *double la tierce* du 6ᵐᵉ degré.

LEÇONS RÉSUMANT TOUS LES EXERCICES PRÉCÉDENTS

Chaque leçon doit être écrite à 3 et à 4 parties. On peut même s'exercer à écrire chaque leçon dans différentes positions, les unes *serrées*, les autres *larges*.

La plupart des accords doivent être *complets*, même à 3 parties.—Toute *suppression de note* doit être motivée.

Se rappeler que toute note de basse *non-chiffrée* porte un *accord parfait*.

DU RENVERSEMENT DES ACCORDS

§ **103.**—On *renverse* un accord, en plaçant à la *basse* une de ses notes, *autre* que la *fondamentale;* celle-ci se trouve, dès lors, à l'une des parties supérieures.

§ **104.**—Les accords de *trois sons* ont chacun *deux renversements*.

ACCORDS DE TROIS SONS—PREMIER RENVERSEMENT

§ **105.**— Le *1er renversement* s'obtient en plaçant à la *basse la tierce de la fondamentale*.

Il se compose d'une *tierce* et d'une *sixte;* on l'appelle *accord de sixte;* on le chiffre par **6**, et l'on introduit, au besoin, dans le chiffrage, les *signes accidentels* qui peuvent être nécessaires pour obtenir la tierce et la sixte voulues.

NOTA.—La note fondamentale devient la *sixte* du *1er renversement;* ce fait est commun à tous les accords.

ACCORD DE SIXTE

1ᵉʳ RENVERSEMENT DE L'ACCORD PARFAIT MAJEUR

§ **106.**—Dans l'accord de *sixte*, 1ᵉʳ renversement de l'accord *parfait majeur*, la *tierce* et la *sixte* sont **mineures**.

ACCORD DE SIXTE

1ᵉʳ RENVERSEMENT DE L'ACCORD PARFAIT MINEUR

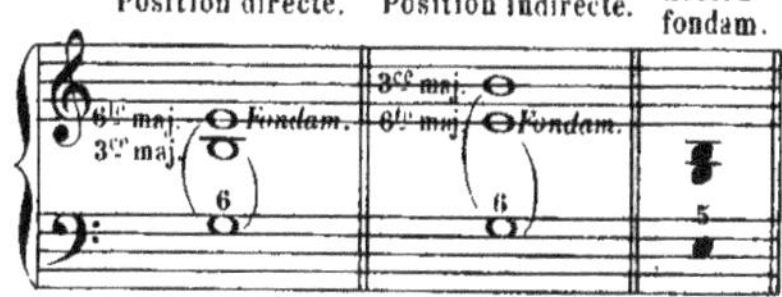

§ **107.**—Dans l'accord de *sixte*, 1ᵉʳ renversement de l'accord *parfait mineur*, la *tierce* et la *sixte* sont **majeures**.

ACCORD DE SIXTE

1ᵉʳ RENVERSEMENT DE L'ACCORD DE QUINTE DIMINUÉE

§ **108.**—Dans l'accord de *sixte*, 1ᵉʳ renversement de l'accord de *quinte diminuée*, la *tierce* est **mineure** et la *sixte* est **majeure**.

EXERCICES

Former, sur chacune des notes suivantes, l'accord de *sixte* désigné; le disposer de deux manières, et placer à sa suite son *accord fondamental*. Chiffrer soi-même tous ces accords.

Réaliser les *accords chiffrés* ci-après dans *une seule position*.
Indiquer par les abréviations *maj.*, *min.* et *dim.* s'ils dérivent d'un accord *majeur, mineur* ou *diminué*.

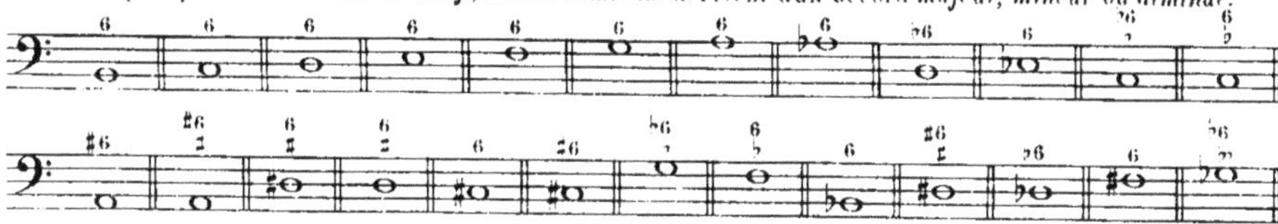

RÉALISATION DES ACCORDS DE SIXTE
à **3** et à **4** parties.

§ 109.—En général, il n'y a pas lieu de supprimer *ni la tierce ni la sixte* de ces accords, dès qu'on a *trois parties*.

§ 110.—Pourtant, en écrivant à 3 parties l'*accord de sixte* du 4ᵐᵉ degré *précédant la dominante*, on peut *retrancher la tierce* et doubler la basse pour obtenir une *mélodie plus naturelle* dans l'une des parties supérieures.

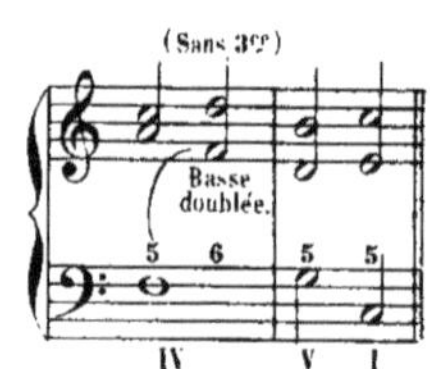

§ 111.—En enchaînant un *accord de sixte* à celui qui le précède ou à celui qui le suit, il est bon de conserver à la même partie *toute note commune* qui peut s'y rencontrer.

§ 112.—A défaut de *note commune*, on peut rechercher le *mouvement contraire;* mais, à trois parties, un accord de sixte s'*attaque* fort bien par *mouvement direct*, surtout si l'on place la *sixte* à la *partie supérieure*.

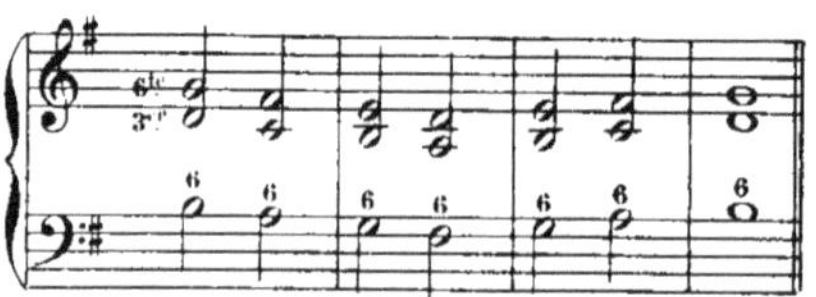

§ 113.—Les suites d'accords de sixte par *degrés conjoints* se font, le plus souvent, à *trois parties seulement*, et en mouvement direct, la *sixte* placée à la *partie supérieure* et la *tierce* au *milieu*.

REDOUBLEMENT DE NOTES DANS LES ACCORDS DE SIXTE

§ 114.—Pour obtenir les *accords de sixte* à 4 parties, on en double, généralement, la *tierce* ou la *sixte*.

§ 115.—On peut aussi doubler la *basse* des *accords de sixte*, renversements d'accords *parfaits mineurs* ou de *quinte diminuée;* mais on évite, autant que possible, le *redoublement de la basse*, dans les *premiers renversements* d'accords parfaits *majeurs*, cette note étant la *tierce majeure* de la *fondamentale*.—Ce redoublement peut se faire, cependant, soit pour *éviter une faute*, soit pour obtenir une *mélodie plus chantante*.

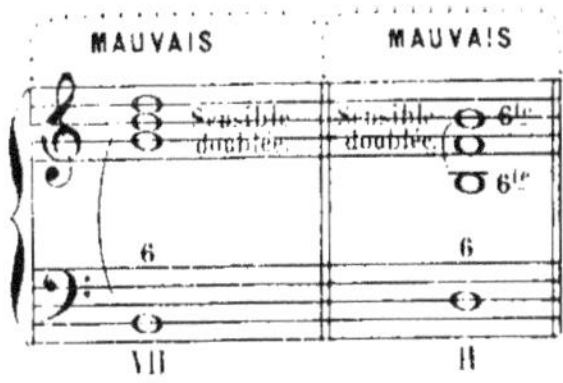

§ **116.**—On ne doit *jamais* doubler la *basse* de l'accord de *sixte* du 7me degré, non plus que la *sixte* du 2me, puisque ce serait doubler la *note sensible*.

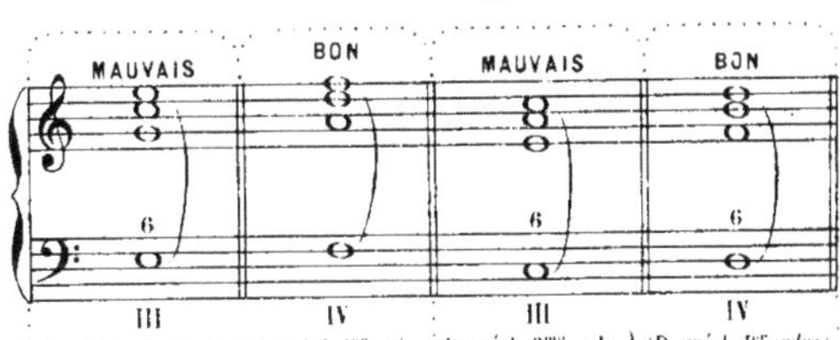

§ **117.**—En général, il ne faut pas placer, à la *partie supérieure*, la *basse doublée* des accords de sixte, à moins que cette note ne soit l'un des *degrés de 1er ordre*.

§ **118.**—Cependant, on admet, au *temps faible*, le *redoublement de la basse* à la partie supérieure, lorsque *chacune* des *parties extrêmes* procède par série de *trois sons conjoints* en mouvement contraire, comme dans les exemples suivants.

§ **119.**—Lorsqu'une note portant *deux accords* est d'une valeur divisible par 2, on donne à chaque accord la *moitié de la valeur* de cette note, à moins d'indication contraire.

Si elle est divisible par 3, le *premier* accord prend les *deux tiers* de sa valeur et le *second*, le *tiers restant*.

LEÇONS A RÉALISER A TROIS PARTIES (**)

ACCORD de SIXTE du 2ᵈ DEGRÉ des DEUX MODES
PREMIER RENVERSEMENT DE L'ACCORD DE QUINTE DIMINUÉE DU 7ᵐᵉ DEGRÉ

§ **120.** — Lorsque l'accord de sixte du 2ᵈ degré est suivi de l'accord parfait de la tonique, on doit faire monter d'un demi-ton la *note sensible*, sixte du 2ᵈ degré, et faire descendre la *tierce* du 1ᵉʳ accord sur *celle* du second.

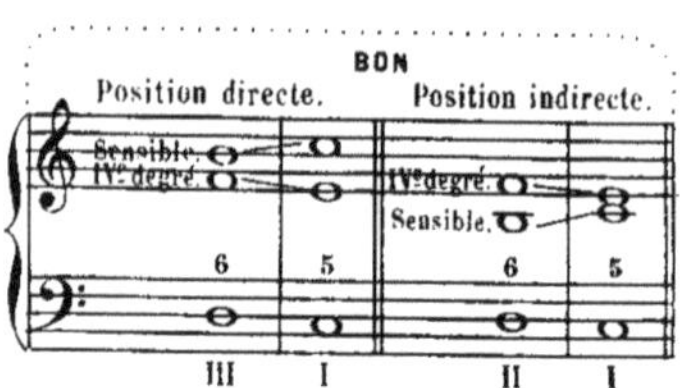

§ **121.** — Si, pour obtenir 4 parties, on *double la tierce* de cet accord de sixte, *l'une des tierces* peut *monter d'un degré* pendant que *l'autre descend* de la même quantité.

§ **122.** — Quand l'accord de *sixte de la médiante* succède à *celui du 2ᵈ degré*, la tierce de celui-ci peut monter sur la tierce de celui-là, à la condition de ne pas placer ces tierces au-dessus des sixtes.

LEÇONS A RÉALISER A TROIS PARTIES
ACCORD DE SIXTE SUR LE 2ᵈ DEGRÉ

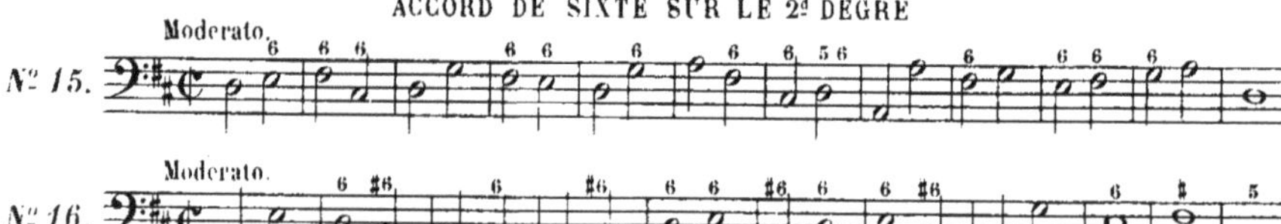

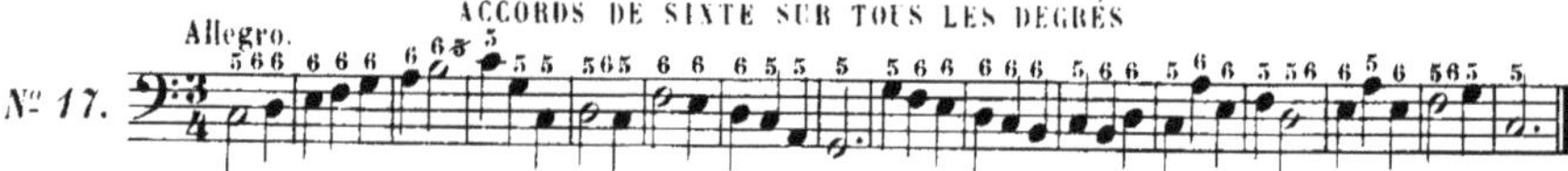

LEÇONS A QUATRE PARTIES
SUR LES ACCORDS DE SIXTE

ACCORDS DE TROIS SONS—SECOND RENVERSEMENT

§ **123.**—Le *second renversement* s'obtient en plaçant à la *basse* la *quinte de la fondamentale.*

Il se compose d'une *quarte* et d'une *sixte;* on l'appelle accord de *quarte et sixte;* on le chiffre par $\frac{6}{4}$. et l'on introduit, au besoin, dans le chiffrage, les *signes accidentels* qui peuvent être nécessaires pour obtenir la quarte et la sixte voulues.

La *quarte* étant *augmentée* dans le 2ᵈ renversement de l'accord de *quinte diminuée,* on appelle ce renversement accord de *quarte augmentée et sixte;* on le chiffre quelquefois par $_{+4}^{6}$, quand il est placé sur le 4ᵐᵉ degré; la petite croix indique alors que la *quarte augmentée* est la *note sensible.*

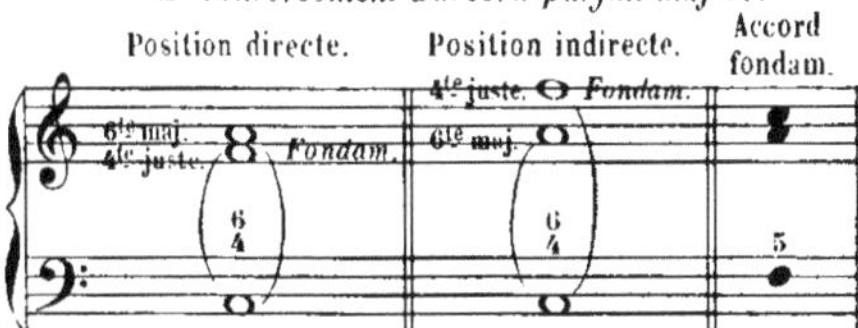

NOTA.—La *note fondamentale* devient la *quarte* du 2ᵈ renversement. Ce fait est commun à tous les accords.

ACCORD DE QUARTE ET SIXTE
2ᵈ *RENVERSEMENT DE L'ACCORD PARFAIT MAJEUR*

§ **124.**—Dans l'accord de *quarte et sixte,* 2ᵈ renversement de l'accord *parfait majeur,* la *quarte* est *juste* et la *sixte* est *majeure.*

ACCORD DE QUARTE ET SIXTE
2ᵈ *RENVERSEMENT DE L'ACCORD PARFAIT MINEUR*

§ **125.**—Dans l'accord de *quarte et sixte,* 2ᵈ renversement de l'accord *parfait mineur,* la *quarte* est *juste* et la *sixte* est *mineure.*

ACCORD DE QUARTE AUGMENTÉE ET SIXTE
2ᵈ *RENVERSEMENT DE L'ACCORD DE QUINTE DIMINUÉE*

§ **126.**—Le 2ᵈ renversement de l'accord de *quinte diminuée* se compose d'une *quarte augmentée* et d'une *sixte majeure.*

EXERCICES

Former, sur chacune des notes suivantes, l'accord de *quarte et sixte* désigné; le disposer de deux manières, et placer à sa suite son accord fondamental. Chiffrer le tout.

Réaliser les *accords chiffrés* ci-après dans une seule position. Désigner la nature des accords fondamentaux dont ils dérivent.

RÉALISATION DES ACCORDS DE QUARTE ET SIXTE
à 3 et à 4 parties.

§ **127.**—En général, il n'y a pas lieu de supprimer *ni la quarte ni la sixte* de ces accords; ce qui dispense d'*en doubler aucune note*, dans l'écriture à trois parties.

ACCORDS DE QUARTE ET SIXTE, RENVERSEMENTS D'ACCORDS PARFAITS
Préparation et résolution de la Quarte.

§ **128.**—L'effet du *2d renversement* d'un *accord parfait* est toujours *meilleur*, lorsqu'on l'emploie dans les conditions suivantes:

1° Il faut, généralement, que l'une des deux notes formant l'intervalle de *quarte juste* soit *préparée*: c'est-à-dire qu'elle doit avoir été entendue *d'abord, et dans la même partie*, comme note intégrante de l'accord qui précède celui de quarte et sixte.

2° Il est bon que l'*une* ou l'*autre* des notes formant *quarte juste*, reste stationnaire en se prolongeant dans l'*accord suivant*: la *quarte* se trouve, dès lors, *sauvée* ou *résolue*.

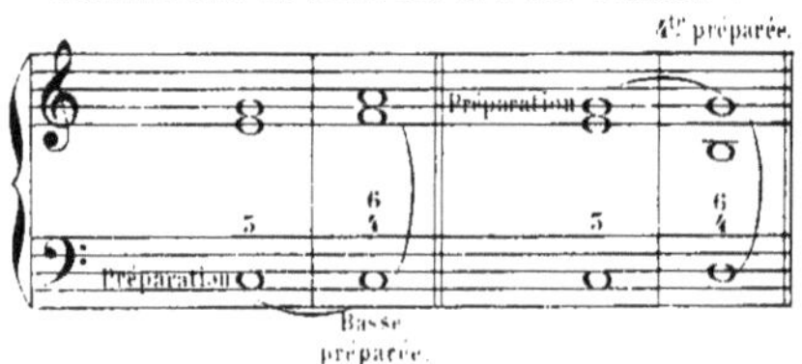

N.-B.—La *note* qui sert de *préparation* ou de *résolution* à la *quarte* peut rester *immobile* comme ci-dessus, ou bien *permuter d'octave*, la *permutation d'octave* équivalent à peu près à une *tenue*.

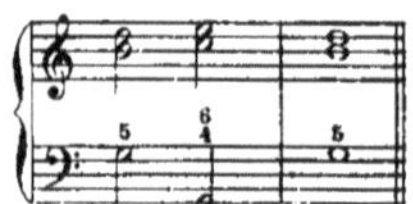

EXCEPTION

§ **129.**—On est *dispensé de préparer la quarte du 2d* renversement de l'accord de tonique *(quarte et sixte de la dominante)* lorsqu'il est employé comme *avant-dernier* ou comme *antépénultième* accord de la phrase musicale.

REDOUBLEMENTS DE NOTES DANS LES ACCORDS DE QUARTE ET SIXTE

§ **130.**—Dans les accords de *quarte et sixte,* renversements d'*accords parfaits,* on double la *note de basse* de *préférence à toute autre.*

§ **131.**—On peut aussi en *doubler la quarte,* surtout si elle est *préparée,* soit par la *basse,* soit aux *deux parties* qui font la note supérieure de l'intervalle de quarte (cette condition n'est pas de rigueur sur le 5ᵐᵉ degré.)

§ **132.**—On double très rarement la sixte des 2ᵈˢ renversements d'accords parfaits. Néanmoins, le redoublement de la *sixte, préparée au moins à une partie,* est d'un très bon effet, surtout quand elle est *mineure.*—Quant à la *sixte du 2d degré,* on ne doit pas la doubler, puisqu'elle est *note sensible.*

LEÇONS A TROIS PARTIES

ACCORD DE QUARTE AUGMENTÉE ET SIXTE
2^d RENVERSEMENT DE L'ACCORD DE QUINTE DIMINUÉE

§ **133.**—L'accord de *quarte augmentée et sixte* trouve son emploi sur le *4me degré* du *mode majeur*, sur le *4me* et le *6me degré* du *mode mineur*. On n'est pas tenu d'en préparer la quarte.

§ **134.**—L'accord de *quarte augmentée et sixte* du *4me* degré des deux modes est, ordinairement, suivi de l'accord de *sixte* de la *médiante*. Dans cet enchaînement, la *quarte augmentée* (note sensible) doit monter d'un demi-ton. Les deux *notes attractives* ont ainsi leur résolution normale.

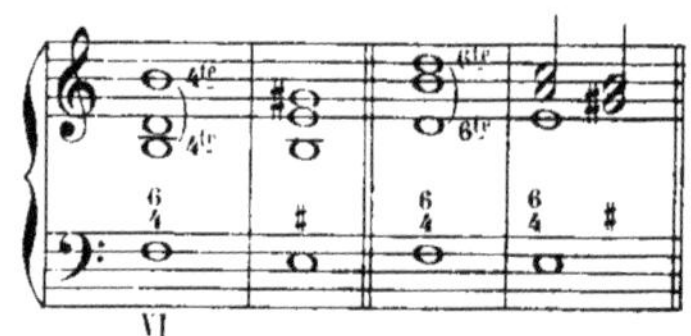

§ **135.**—Dans l'accord de *quarte augmentée et sixte* du *4me degré* des deux modes, on ne peut doubler que la *sixte*, parce que la *basse* et la *quarte* de cet accord sont les *deux notes attractives*, ayant chacune une tendance. (§ 99.)

ACCORD DE QUARTE AUGMENTÉE ET SIXTE, DU 6me DEGRÉ
du Mode mineur

§ **136.**—Dans l'accord de *quarte augmentée et sixte* du 6me degré, en mineur, on *double* la *quarte* ou la *sixte*.

N.-B.—En aucun cas, on ne doit doubler la *basse* d'un accord de quarte augmentée et sixte.

CHANGEMENTS DE POSITION DES ACCORDS
ACCORDS BRISÉS OU ARPÉGÉS

ECHANGES DE NOTES

§ **137.**— On peut, pendant sa durée, changer une ou plusieurs fois la position d'un accord, soit aux *parties supérieures*, soit à la *basse*.

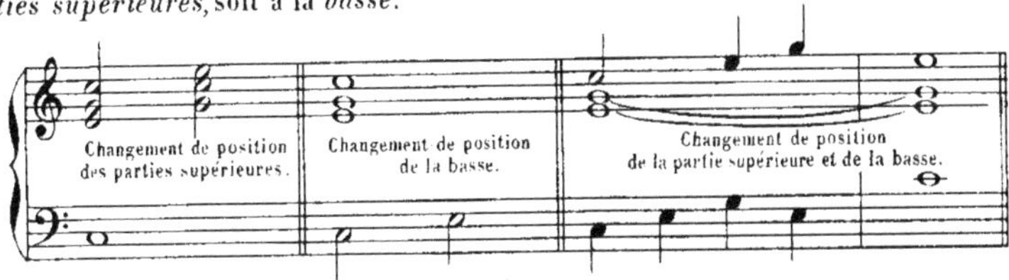

§ **138.**—Plusieurs changements de position dans *une même partie* y produisent ce qu'on appelle un accord *brisé* ou *arpégé;* c'est-à-dire, un accord dont les notes sont émises *successivement,* en forme de *batterie* ou en forme d'*arpège.*

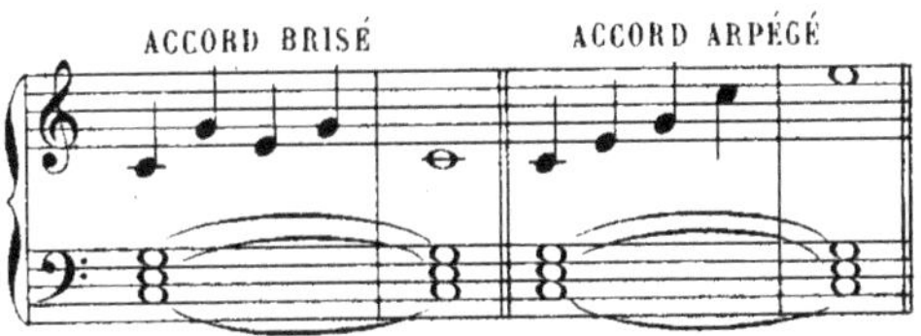

§ **139.**— On nomme accord *plaqué,* celui dont on fait entendre *simultanément* tous les sons, chaque partie n'en émettant *qu'un.*

(Jusqu'ici, nous n'avons écrit que des *accords plaqués.*)

§ **140.**—Les changements de position des *parties supérieures* ne modifient pas l'état de l'accord.

§ **141.**—En revanche, tout *changement de position à la basse,* autre que le saut d'octave, entraîne le changement d'**état** de l'accord.

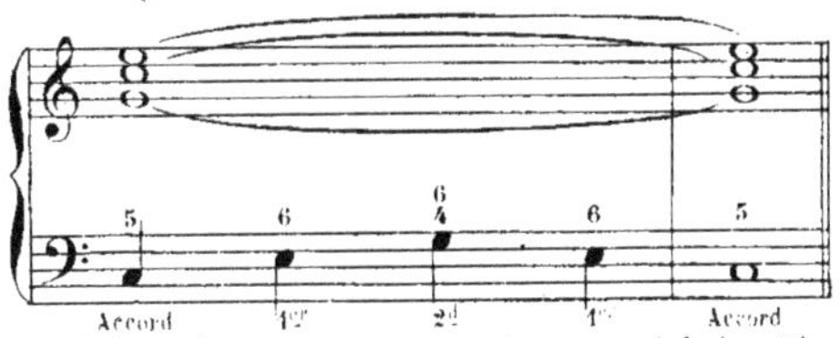

§ **142.**—Afin d'éviter la multiplicité des chiffres qui seraient nécessaires pour indiquer chacune des modifications apportées à l'accord par les changements de position de la basse, on n'en chiffre ordinairement que la *première note,* et l'on *tire,* à la suite du chiffre, ou s'il y en a plusieurs, de chacun des chiffres, une ligne horizontale que l'on nomme *barre de continuité.*

§ **143.**—Cette *barre* indique que l'accord représenté par le chiffre d'où elle part doit être continué aussi long-temps qu'elle subsiste. (Ainsi, dans l'exemple suivant, la *barre* qui fait suite au 5 indique que l'accord *do-mi-sol* doit se conti-nuer sur les notes de basse: *mi, sol, mi, do.*)

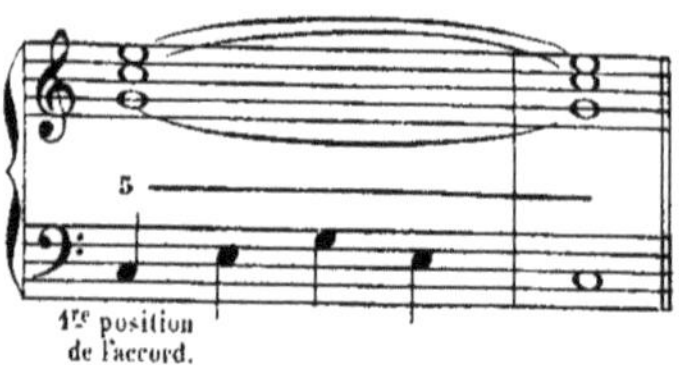

§ **144.**—On étend l'usage de la *barre de continuité:*

1º A *toute harmonie* se prolongeant sur *plusieurs notes de la basse* quand même cel-le-ci ne ferait que permuter d'octave.

2º A *toute note* se prolongeant à l'une des *parties supérieures* comme appartenant à plu-sieurs accords successifs.

§ **145.**—Si, par le fait du changement de position d'une partie quelconque, une des notes impor-tantes de l'accord vient à manquer, on peut compléter cet accord en changeant aussi la disposition d'une ou de plusieurs des autres parties.

§ **146.**—Le procédé le plus simple est souvent, en pareil cas, de faire un *échange de notes*.

Ce procédé consiste en ceci:—Etant donné, par exemple, le changement de position de *mi* à *sol*, dans une partie quel-conque, celle des autres parties qui, primitivement, faisait le *sol*, devra, pour faire l'échange, aller prendre le *mi* de manière à op-poser la succession *sol-mi* à la succession *mi-sol*.

A *do-mi*, on opposerait *mi-do*, etc.

CHANGEMENTS DE POSITION SANS ÉCHANGE DE NOTES

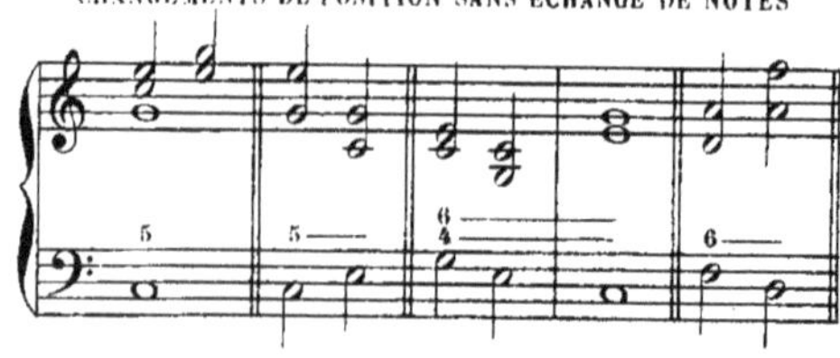

§ **147.**—Mais on peut, dans les mêmes circonstances, pour compléter l'accord, faire d'autres *changements de position* sans qu'il y ait pour cela *échange* entre deux parties.

§ **148.**—Lorsqu'un changement de position a lieu sur une *partie faible* de la mesure ou du temps et n'est que d'une *courte durée*, on peut se *dispenser* de remplacer la note qui vient à manquer par sui-te de ce changement de position.

INTERVALLES MÉLODIQUES

§ **149.**—En effectuant les *changements de position* d'un accord, on peut passer de *l'une à l'autre* quelconque de ses notes, *quel que soit l'intervalle* qu'il y ait entre elles, pourvu qu'*il n'excède pas l'octave.*

QUINTE DIRECTE

§ **150.**—On peut faire la *quinte directe* entre deux parties quelconques, dans un *changement de position* du même accord à la condition d'articuler en même temps la tierce de la fondamentale.

OCTAVE DIRECTE

§ **151.**—*L'octave directe* est *permise* lorsqu'elle provient de la *permutation d'octave à la basse,* et qu'on articule, en même temps, les deux autres notes de l'accord, ou tout au moins sa tierce.

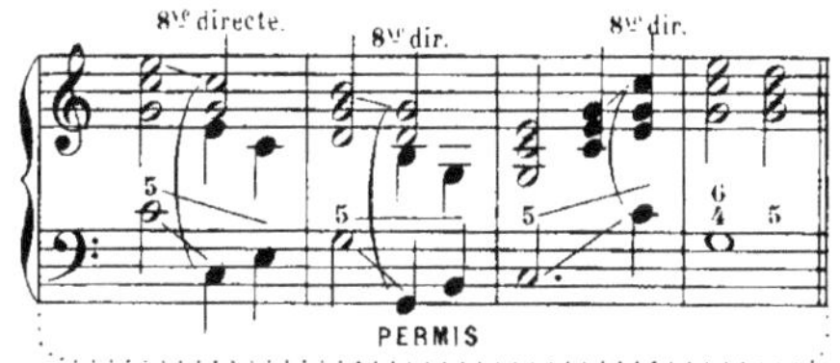

MOUVEMENT DIRECT AUX QUATRE PARTIES

§ **152.**—On peut faire le mouvement direct aux *quatre parties à la fois* dans un changement de position du même accord. (Voir l'exemple ci-dessus.)

UNISSON

§ **153.**—*L'unisson est permis* lorsqu'il est amené par le *mouvement oblique* sur un *temps faible,*

Ce cas se présente fréquemment lorsqu'on fait des *accords brisés.*

DES QUINTES ET DES OCTAVES PAR MOUVEMENT CONTRAIRE
séparées par une ou plusieurs notes intermédiaires.

§ **154.**—Deux *quintes* ou deux *octaves* par *mouvement contraire,* séparées par *une* ou *plusieurs notes intermédiaires,* sont permises entre toutes les parties, et principalement entre celles du milieu.

NOTA. Les *octaves* et les *quintes* par mouvement contraire sont d'*autant meilleures* qu'il y a *plus de parties* avec *notes intermédiaires* et que celles-ci sont *plus longues.*

DES OCTAVES ET DES QUINTES PAR MOUVEMENT DIRECT
qui restent défendues malgré les notes intermédiaires

§ **155.** — Si l'on permet deux quintes ou deux octaves par *mouvement contraire* grâce aux notes intermédiaires, il n'en est pas de même des quintes et des octaves par *mouvement direct*, lesquelles restent défendues *malgré les changements de position* qu'on peut opérer pendant la durée du premier accord, quand même des *mutations à la basse* auraient *changé l'état* de ce premier accord.

QUINTES ET OCTAVES DÉFENDUES MALGRÉ LES NOTES INTERMÉDIAIRES
(Pour apercevoir, ici, le *mouvement direct*, il faut faire *abstraction des notes intermédiaires*.)

§ **156.** — Pour faire *deux quintes* ou *deux octaves* par *mouvement direct*, il faut: ou un *changement d'harmonie*, c'est-à-dire: faire entendre *un second accord* avant de *recommencer* le rapport de quinte ou d'octave entre les deux parties où il a déjà existé;

ou bien, séparer ces *quintes* ou ces *octaves* par des *notes intermédiaires* ayant, en somme, la valeur d'une *mesure entière* pour le moins.

§ **157.** — La succession de *quinte diminuée* du 7me degré et *quinte juste* de la tonique est permise, principalement entre les parties supérieures ou intermédiaires, lorsque ces *deux quintes* sont séparées par une ou plusieurs notes d'une valeur suffisante.

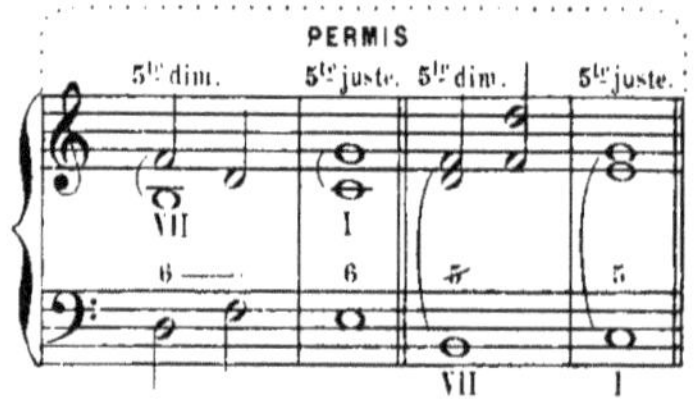

DES OCTAVES ET DES QUINTES
qui peuvent résulter des changements de position.

§ **158.** — En effectuant les *changements de position*, il faut bien prendre garde aux *quintes* et aux *octaves* défendues qui pourraient en résulter.

QUINTES ET OCTAVES RETARDÉES

§ 159.—En général, les changements de position qui ont lieu *après l'attaque d'un accord* ne produisent point de successions fautives *avec l'accord précédent.*

Cependant, il est bon d'éviter des *quintes* et surtout des *octaves* comme celles de l'exemple suivant. qui ne sont que **retardées** par la basse; à moins qu'elles ne soient faites en *valeurs longues* ou dans un mouvement *très lent.*

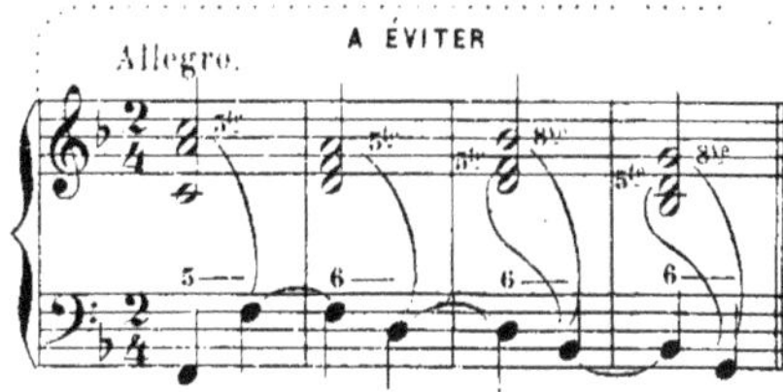

§ 160.—Les *quintes retardées* par l'une des *parties supérieures* sont plus acceptables que les précédentes. Il n'en est pas ainsi des *octaves retardées* qui ne sont admissibles à l'*aigu* comme au *grave* qu'à la condition d'être faites en valeurs de *longue durée.*

QUINTES ET OCTAVES PRÉPARÉES OU ANTICIPÉES

§ 161.—Deux quintes sont *permises,* lorsque la *seconde* quinte est amenée par un *mouvement oblique* formant syncope, parce qu'alors cette *seconde quinte* se trouve préparée ou anticipée. Mais, encore faut-il que la préparation en soit *suffisante.*

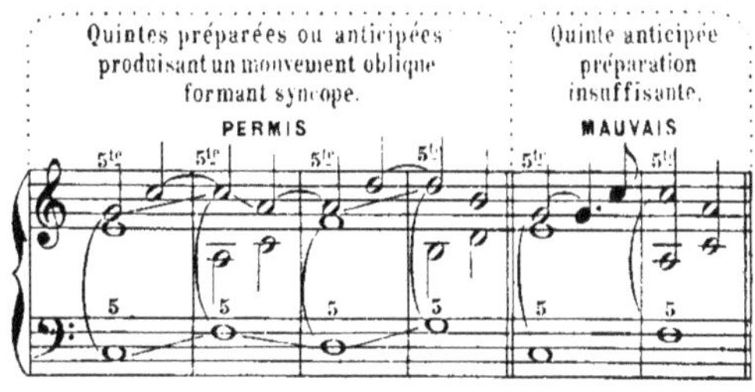

§ 162.—L'*octave anticipée*, plus encore que la quinte, exige une *longue préparation* relative.

ÉCHANGE DE NOTES EN VALEURS BRÈVES
aboutissant à l'Octave.

§ 163.—Si. à la suite d'un échange de notes en *valeurs brèves,* on aboutissait à l'*octave* par le *mouvement direct.* cela équivaudrait presque à deux *octaves consécutives.* C'est donc à éviter.

QUINTES ET OCTAVES PERMISES
la 1re n'occupant qu'une position intermédiaire sans importance.

§ 164.—Les *positions intermédiaires* d'un *accord brisé* ont d'autant moins d'importance, au point de vue d'une réalisation correcte, qu'elles tombent sur une partie *plus faible* de la mesure. C'est pourquoi *deux quintes* ou *deux octaves* comme celles de l'exemple suivant peuvent être *tolérées*, la 1re n'occupant qu'une position intermédiaire sans importance.

EXCEPTION A LA RÈGLE DU § 117

§ 165.—Il n'y a aucun inconvénient à *tenir* ou même à *répéter*, à la 1re partie, une *note* qui devient après coup *basse doublée* d'un accord de *sixte*; à moins que cette note ne soit la *sensible* suivie de la *tonique*.

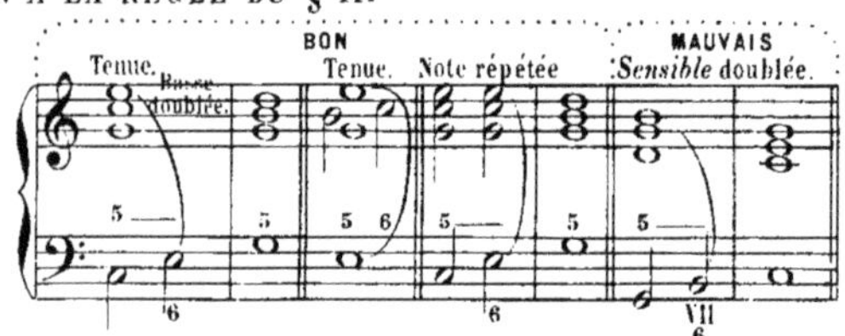

§ 166.—On peut aussi *attaquer* à la 1re partie la *basse doublée* d'un *accord de sixte*, pendant la *tenue* de cette même note à la *basse*.

DU RYTHME

§ 167.—Le *rythme* doit être, autant que possible, *naturel, facile, élégant;* il doit être en *harmonie* avec le caractère général du morceau.

Le *1er temps* de chaque mesure doit être *marqué*, soit à la basse, soit à la partie supérieure, soit dans plusieurs parties.

Si l'on marque un temps *faible*, le temps *fort* suivant doit aussi être marqué; mais *l'accentuation* du temps fort n'oblige pas à *articuler* le temps faible qui le suit.

EXERCICES

Réaliser les enchainements d'accords suivants à 3 ou à 4 parties; et, autant que possible, de *plusieurs manières différentes*.

Des PHRASES, des MEMBRES de PHRASE et des CADENCES

§ **168.**—Une *phrase musicale* est une suite mélodique ou harmonique qui forme un sens plus ou moins achevé, et qui se termine sur un repos par *une cadence* plus ou moins parfaite.

Une phrase peut contenir plusieurs *membres de phrase*.

§ **169.**—Les *phrases carrées* sont celles dont le nombre de *mesures* est divisible par *quatre*, comme dans l'exemple suivant; ce sont les plus usitées.

§ **170.**—La *terminaison* d'une phrase ou d'un membre de phrase est *féminine* lorsqu'elle a lieu sur un *temps faible;* (*) (Voir la 4me et la 12me mesure de l'exemple ci-dessus.) Elle est *masculine* lorsqu'elle a lieu sur le 1er temps de la mesure. (**) (Voir la terminaison des 2me, 4me et 5me membres de phrase du même exemple.)

CADENCES

§ **171.**—On nomme *cadence*, la terminaison d'une phrase ou d'un membre de phrase.

C'est la cadence qui établit une *démarcation* entre deux phrases ou deux membres de phrase.

On compte *six espèces de cadences*, savoir:

1º la cadence *parfaite;*—2º la cadence *imparfaite;*—3º la cadence *rompue;*—4º la cadence *à la dominante;*—5º la cadence *plagale;*—6º la cadence *évitée*. (Cette dernière sera traitée plus tard.)

§ **172.**—Ce sont les *mouvements* de la *basse* qui déterminent, d'une manière précise, *les différentes cadences*. La mélodie serait souvent insuffisante pour cela. En effet, dans les exemples que nous donnons ci-après des trois cadences *parfaite, imparfaite* et *rompue*, la partie supérieure est la même et les cadences sont différentes.

§ **173.**—*Toutes les cadences* peuvent servir pour un *repos momentané* ou pour établir une *démarcation* entre deux phrases ou deux membres de phrase.

La cadence *parfaite* et la cadence *plagale* peuvent, *seules*, servir de *conclusion* à un morceau de musique.

DE LA CADENCE PARFAITE

CADENCES PARFAITES

§ **174.**—La *cadence parfaite* est celle où la *basse* procède de la *dominante* à la *tonique*, l'une et l'autre de ces notes portant l'*accord parfait*.

(*) Elle peut avoir lieu aussi sur le 1er temps de la dernière mesure, lorsque l'*accentuation principale* a porté sur le temps correspondant de la mesure précédente. (Voir le dernier exemple du § 208.)

(**) Mais, avec certains *rythmes serrés*, une *terminaison masculine* peut avoir lieu sur un temps autre que le 1er; par exemple, sur le 3me (relativement *fort*) d'une mesure à 4 temps. (Voir les exemples du § 167.)

DE LA CADENCE IMPARFAITE

§ **175.**—La *cadence imparfaite* est celle qui a lieu lorsque l'*accord parfait* de la *dominante* est suivi de l'accord de *sixte* de la *médiante*.

REMARQUE.—Au fond, cette cadence se compose des *mêmes accords* que la *cadence parfaite*, puisque l'accord de sixte de la médiante n'est autre que l'accord parfait de la tonique dans son 1er renversement. Mais, l'état renversé de cet accord affaiblit beaucoup l'effet de la cadence, c'est pourquoi elle est *imparfaite* et ne peut servir de conclusion à un morceau.

DE LA CADENCE ROMPUE

§ **176.**—La *cadence rompue* est celle où la *basse* procède de la *dominante* à la *sus-dominante*, l'une et l'autre de ces notes portant un *accord parfait*.

OBSERVATION.—Dans cette cadence, en substituant l'accord du 6me degré à celui de la tonique qui semblait appelé par la dominante, on *brise* le sens musical d'une manière inattendue: de là, son nom de cadence *rompue*.

DE LA CADENCE A LA DOMINANTE OU DEMI-CADENCE

§ **177.**—La *cadence à la dominante* est celle qui se termine sur la *dominante* portant l'*accord parfait*, quel que soit l'accord qui ait précédé. (Voir l'exemple § 169, 4me mesure.)

DE LA CADENCE PLAGALE

§ **178.**—La *cadence plagale* est celle où la *basse* procède de la *sous-dominante* à la *tonique*, l'une et l'autre de ces notes portant un *accord parfait*.

OBSERVATION.—La *cadence plagale* se fait souvent à la suite de la *cadence parfaite*, et comme pour *confirmer* la fin du morceau déjà déterminée par cette dernière. Dans ce cas, la *cadence plagale* est une sorte de *coda* ajoutée au morceau. (Voir la fin de l'exemple § 169.)

DES FORMULES DE CADENCES

§ **179.**—On appelle *formules de cadences*, certains groupes d'accords, consacrés par l'usage, qui précèdent ordinairement les cadences proprement dites.

La *même formule* peut conduire à *des cadences diverses*.

La *même cadence* peut être précédée de *formules différentes*.

DE LA CADENCE SUSPENDUE

§ **180.**—Lorsqu'on retarde la conclusion d'une phrase, en *répétant plusieurs fois de suite* une formule de cadence quelconque, il y a *cadence suspendue*.

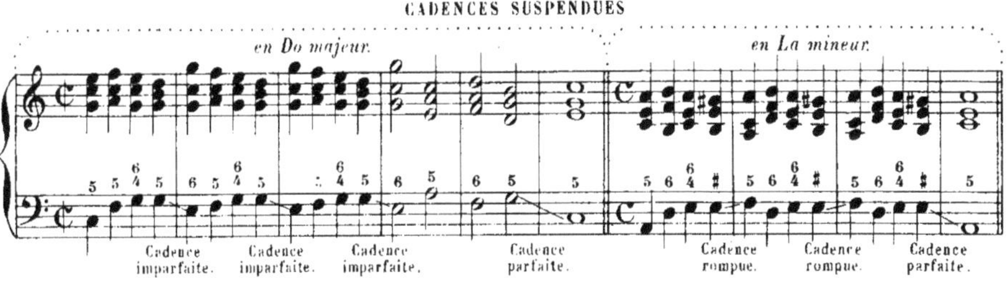

RÉALISATION DE L'HARMONIE DANS LES CADENCES

§ **181.**—La *cadence parfaite* est toujours mieux caractérisée lorsque la *1re partie* termine, comme la basse, *sur la tonique*. (Voir ceux des exemples précédents qui contiennent cette cadence.)

§ **182.**—On doit donc, dans la cadence parfaite *qui sert de conclusion à un morceau*, placer la tonique à la 1re partie, comme à la basse. Dans ce cas, on tolère, *entre les parties extrêmes*, non seulement l'octave directe amenée par le demi-ton ascendant à la partie supérieure, mais encore celle qui résulte du mouvement descendant de seconde majeure.

On retranche alors la *quinte de l'accord de tonique;* et l'on en triple la basse, quand on a quatre parties.

§ **183.**—Dans la réalisation des cadences *parfaite, imparfaite* et *rompue*, il est généralement nécessaire de faire monter à la tonique la *note sensible*, tierce de la dominante. (Voir tous les exemples qui précèdent.)

§ **184.**—Cependant, il arrive parfois que, pour donner un sens *inachevé* à la mélodie, la note sensible *monte* d'une *quarte*, dans la cadence *parfaite* (*) et d'une *sixte*, dans la cadence *imparfaite*.

§ **185.**—Dans les *formules de cadences*, on peut faire *sans préparation* l'accord de *quarte et sixte* de la *dominante*. Dans ce cas, il doit être placé *sur un temps relativement fort*. (Néanmoins, dans les mesures à trois temps, on l'emploie quelquefois au deuxième temps.) Cet accord ainsi employé appelle toujours une *cadence immédiate*.

(*) Cette cadence devient comme *imparfaite*. (§ 181)

§ **186.** — On peut aboutir par le *mouvement direct descendant* à l'accord de *quarte et sixte* de la *dominante*, à la condition de procéder par *degrés conjoints* aux parties supérieures.

§ **187.** — On peut arriver aussi, par le *mouvement direct*, ascendant ou descendant, sur l'*accord de sixte du 4ᵐᵉ degré* précédant la dominante, à la condition de procéder par *degrés conjoints à la 1ʳᵉ partie*.

(Rappelons qu'il est permis de *doubler à la partie supérieure* la basse de cet accord (degré de 1ᵉʳ ordre.)

§ **188.** — Dans l'accord qui termine les cadences *parfaite*, *imparfaite* et *rompue*, on tolère l'*unisson* de la *tonique* entre deux parties contigües quelconques.

§ **189.** — L'*unisson* de la *tonique* et celui de la *dominante* sont également *tolérés*, dans les formules de cadences, entre les deux *parties inférieures*, mais seulement par *mouvement oblique* ou *contraire*.

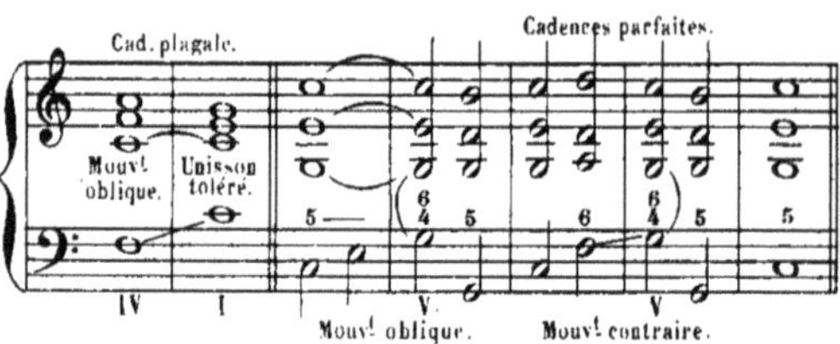

EXERCICE

Terminer les formules ci-après commencées, en y ajoutant les accords qui constituent les cadences désignées.
Transposer chacune de ces formules dans le ton relatif mineur, et réaliser le tout à 4 parties.

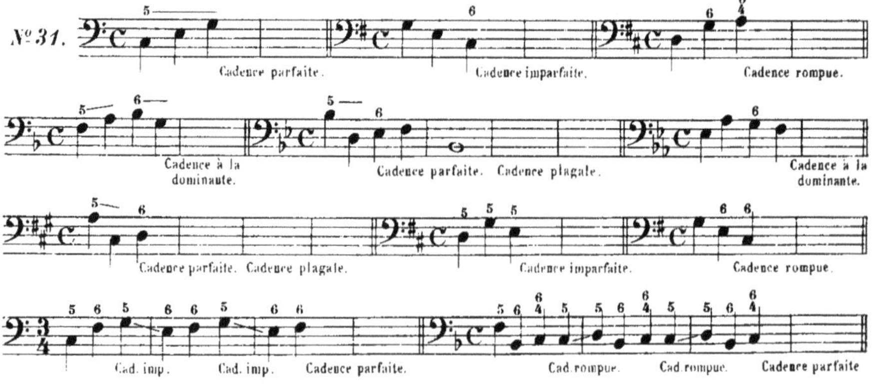

DES FORMES VARIÉES DE CERTAINES CADENCES

§ **190.**—Nous n'avons présenté, jusqu'ici, chaque espèce de cadence, que sous sa forme la plus usuelle, la plus *caractéristique*, en d'autres termes, nous avons donné seulement les *cadences types*.

Mais la plupart d'entre elles pouvant revêtir d'autres formes, nous mettons sous les yeux de l'élève les *principales variétés* de chaque espèce.

Seule, la *cadence parfaite* ne pourrait être modifiée sans perdre de sa *force*, de son *caractère concluant*, ce qui la rendrait plus ou moins *imparfaite*.

CADENCES IMPARFAITES

CADENCES ROMPUES

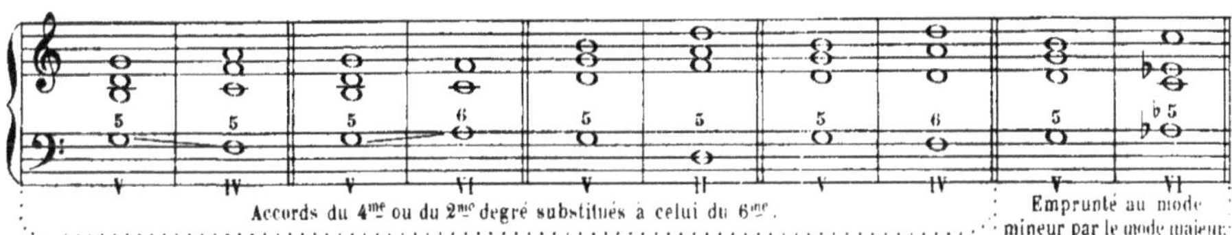

DEMI - CADENCES

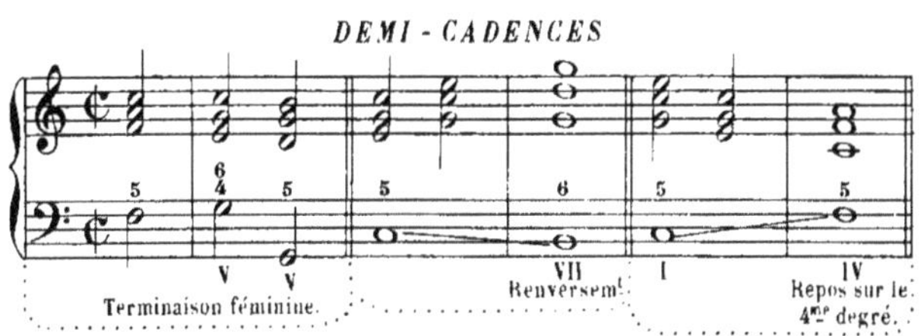

CADENCES PLAGALES

CADENCES COMMENCÉES EN MINEUR ET ACHEVÉES EN MAJEUR

DES MARCHES D'HARMONIE

PROGRESSIONS HARMONIQUES

§ **191.**—On appelle *marche d'harmonie*, une *suite uniforme d'accords* établie sur une *basse* montant ou descendant *symétriquement* et *progressivement*.

§ **192.**—Quand la basse va en *montant*, la marche est *ascendante*; quand elle va en *descendant*, la marche est *descendante*.

§ **193.**—Une marche peut être produite par la *répétition d'un même accord* placé sur *divers degrés* se succédant *d'une manière uniforme*.

§ **194.**—Elle peut être aussi le résultat des *reproductions symétriques* d'un *groupe d'accords* qui prend le nom de *modèle*. Les *reproductions du modèle* sont nommées *progressions*.

DES MARCHES UNITONIQUES OU NON-MODULANTES

§ **195.**—Les marches d'harmonie entièrement composées d'accords appartenant à une *même tonalité* sont appelées marches *unitoniques* ou *non-modulantes*.

Dans ces marches, l'*uniformité* des progressions fait perdre, pour un moment, aux divers degrés de la gamme leur *caractère particulier*. C'est là ce qui permet, entre autres choses:

1° le *redoublement* de la *basse* dans l'accord de *quinte diminuée* de *note sensible* et sa *non-résolution* sur la tonique, de même que la *résolution ascendante* de la *quinte diminuée*. (Voir la marche descendante ci-dessus.) Cela permet encore de *supprimer la quinte diminuée* dans la réalisation à 3 parties.

Mais le *dernier accord* de la marche reprend possession de son rôle, et retombe sous l'empire des règles qui lui sont particulières.

RÉALISATION DES MARCHES D'HARMONIE

§ **196.**—La *symétrie* qui caractérise la *basse* d'une *marche d'harmonie* doit exister également, dans chacune *des parties supérieures*. Pour obtenir *cette symétrie*, il faut que la *réalisation du modèle* soit telle qu'on puisse la *reproduire*, exactement, dans *chaque progression*, sans enfreindre les lois qui régissent l'enchaînement des accords, tant au point de vue *mélodique* qu'au point de vue *harmonique*.

§ **197.**—Néanmoins, l'obligation de conserver *la plus parfaite symétrie* dans toutes les parties pendant la durée *d'une marche*, autorise l'emploi exceptionnel de *certains intervalles mélodiques*.

EXERCICE SUR LES MARCHES UNITONIQUES

Réaliser d'abord les accords composant le *modèle* de chacune des marches suivantes; enchaîner le *dernier accord du modèle* avec le *premier accord de la première progression*.

Ce travail étant examiné et corrigé, achever toutes les marches commencées, en s'assurant bien qu'elles ne contiennent pas d'irrégularité.

(Toutes les marches qui ne se composent que d'accords fondamentaux doivent être écrites à 3 et à 4 parties.)

DU CHOIX DES ACCORDS

CONSIDÉRATIONS GÉNÉRALES

§ 198.—En raison du rôle qu'il remplit dans la tonalité, chaque degré d'une gamme a son *caractère propre*.

Selon l'harmonie dont on l'accompagne, le caractère d'un degré se trouve *renforcé* ou *affaibli*.

C'est pourquoi le 1er et le 5me degré, *points de repos par excellence*, exigent le plus souvent *l'accord parfait*, accord de repos; et qu'au contraire, le 3me et le 7me, demandent plutôt l'*accord de sixte*.

§ 199.—Mais le degré qu'occupe dans la gamme la note que l'on veut harmoniser ne doit pas être la seule cause déterminante pour le choix de l'accord à lui appliquer:

Les mouvements de la basse ont à cet égard une influence considérable.

§ 200.—C'est ainsi, qu'une *basse* procédant par *degrés disjoints* peut porter un *accord fondamental* sur chacune de ses notes, *même sur les mauvais degrés*; et qu'au contraire, une *basse* procédant par *degrés conjoints* est susceptible de ne porter que *des accords de sixte*.

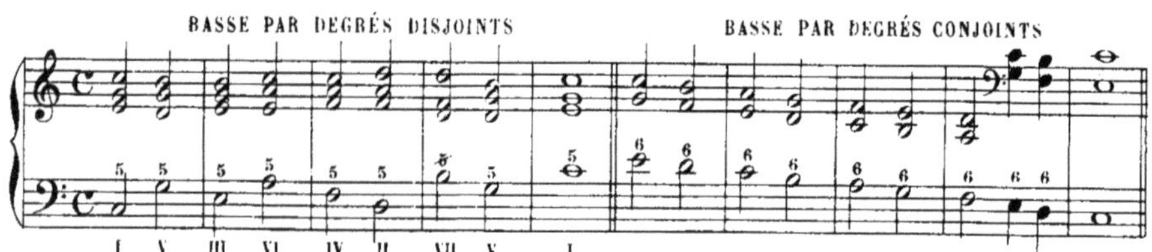

§ 201.—D'autres considérations peuvent encore influer sur le choix d'un accord: par exemple, le *point* de la phrase musicale où se trouve la *note* qu'il s'agit d'harmoniser, ainsi que la *nature* et la *situation* de l'accord qui précède et de celui qui devra suivre *cette note*.

DE L'EMPLOI PLUS OU MOINS FRÉQUENT
des Accords de trois sons fondamentaux et renversés.

§ 202.—Les accords dont le retour fréquent accuse le mieux la tonalité sont ceux qui ont pour *fondamentales le 1er et le 5me degré*.

Ces accords sont *indispensables* à la contexture harmonique d'un morceau de musique quelconque; il est peu de phrases musicales qui ne les contiennent tous les deux; il en est beaucoup qui n'en admettent pas d'autres.

Ce sont donc (et ce doivent être) *les plus usités*.

L'accord dont on fait, après ceux-là, le plus d'usage, est celui qui a pour *fondamentale le 4me degré*.

A eux trois, ces accords de 1er ordre, établis sur les *notes tonales*, renferment *toutes les notes de la gamme: avec leurs renversements*, ils fournissent, dans chaque mode, une harmonie très-satisfaisante pour en accompagner *tous les degrés*.

§ **203.**—Les accords du 2me et du 6me degré (de 2me ordre) sont employés assez fréquemment:

1° L'accord du 2me degré à l'état *fondamental* et surtout à l'état de 1er *renversement*.

2° L'accord du 6me degré à l'état *fondamental*.

L'*introduction* de ces *deux accords* dans l'harmonie vient *rompre la monotonie* qu'engendrerait l'usage exclusif des accords de 1er ordre.

§ **204.**—L'accord du 3me degré du *mode majeur* (de 3me ordre) *peu usité* à l'état *fondamental*. l'est *bien moins encore* à l'état *renversé*.

§ **205.** L'accord de *quinte diminuée* du 7me degré des deux modes (de 3me ordre) ne s'emploie guère, à l'*état fondamental* ou à celui de 2^{d} *renversement*, qu'à *trois parties* et *assez rarement*; mais, à l'état de 1er *renversement* on en fait un *plus grand usage*, une 4me partie s'obtient alors plus facilement

DES NOTES DE BASSE PORTANT PLUSIEURS ACCORDS

§ **206.**—Plusieurs accords peuvent se succéder sur *une même note,* quel que soit le *rang* qu'elle occupe dans la gamme, lorsque la *durée* de cette note est *suffisante* et que le *rythme* du morceau le permet ou le réclame.

HARMONIE SERRÉE, HARMONIE LARGE.

§ **207.**—On entend par *harmonie serrée*, celle qui résulte du *changement fréquent des accords;* et par *harmonie large*, celle dont la plupart des *accords* ont une *durée* relativement *longue*.

§ **208.**—Certaines phrases se prêtent également à une *harmonie serrée* et à une *harmonie large*.

En pareil cas, on doit adopter *celle des deux manières d'harmoniser* qui est le plus en rapport avec le *caractère* de la leçon ou du morceau.

HARMONIE SYNCOPÉE

§ **209.**—Sauf de rares exceptions, qui doivent être *motivées*, on ne doit point *syncoper l'harmonie*.

En d'autres termes, il ne faut pas qu'*un accord* commencé au *temps faible* soit continué sur le *temps fort* suivant, lors même, qu'au lieu d'en tenir les notes, on les attaquerait de nouveau, soit que l'on conserve la même position de l'accord, soit que l'on en change.

La faiblesse d'une *harmonie syncopée* n'est même pas suffisamment corrigée par le *changement de position de la basse*, bien qu'il en résulte un *changement d'état de l'accord*.

Mais, s'il y a, à la fois, changement de position *à la basse et à la partie supérieure*, on peut admettre, à la rigueur, une *harmonie syncopée*.

§ **210.**—Un accord commencé sur le *1ᵉʳ temps* d'une mesure peut se continuer dans la mesure suivante et même pendant plusieurs mesures; cela ne constitue pas une harmonie syncopée, mais seulement une *harmonie large*.

CAS EXCEPTIONNELS

TERMINAISONS FÉMININES
produites par le *retardement* du dernier accord.

§ **211.**—Pour obtenir une *terminaison féminine*, on *retarde* parfois la *conclusion* d'une cadence, en répétant, dans la *dernière mesure* de la phrase, *l'avant-dernier accord* de la formule.

TERMINAISONS MASCULINES
avec *anticipation* du dernier accord.

§ **212.**—Au contraire, dans une *terminaison masculine*, on peut *anticiper* sur le *dernier accord*, en le faisant entendre par avance dans *l'avant-dernière* mesure de la phrase.

L'un et l'autre cas produisent une *harmonie syncopée permise*.

§ **213.**—Les principes qui seront exposés ci-après sont applicables, à la fois, à *l'harmonie serrée* et à *l'harmonie large*.

Toutefois, cette *dernière* comportant plus ou moins de *changements de position*, soit à la basse, soit aux parties supérieures, pendant la durée de chaque accord ou de la plupart d'entre eux, on doit envisager principalement *dans son ensemble* chacun des accords brisés, et ne tenir compte, *au point de vue de l'enchaînement* que de la *première* et de la *dernière position*: les *positions intermédiaires* étant *sans importance* à cet égard.

RÈGLES SPÉCIALES
pour chaque degré des deux modes

1ᵉʳ DEGRÉ, TONIQUE *(de 1ᵉʳ ordre)*
point de repos par excellence.

§ **214.**—Le 1ᵉʳ degré doit, généralement, porter l'*accord parfait.*

§ **215.**—Sur une *tenue* de la *tonique*, on peut employer l'accord de *quarte et sixte* précédé et suivi de l'accord parfait du *même degré.* (La *permutation d'8ᵛᵉ* équivaut à une *tenue.*)

§ **216.**—On peut faire *succéder* à cet accord de quarte et sixte l'accord de *sixte du 2ᵐᵉ degré* ou *celui du 7ᵐᵉ*. (Dans ce dernier cas, la quarte est sauvée par la *basse* qui descend d'un demi-ton.)

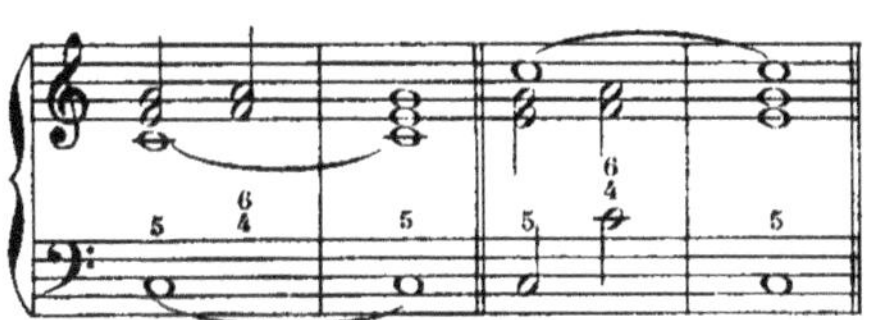

§ **217.**—L'accord de *sixte* du 1ᵉʳ degré, *faible* comme *effet tonal,* ne doit être employé que *précédé ou suivi* de l'accord parfait du même degré, à moins qu'il ne fasse partie d'une marche d'harmonie.

2ᵐᵉ DEGRÉ *(Sus-Tonique)*

§ **218.**—La *sus-tonique,* degré de second ordre, porte, selon le cas: l'accord de *sixte,* celui de *quarte et sixte* ou l'*accord parfait,* (en mineur, l'accord de *quinte diminuée.*)

§ **219.**—On ne doit employer l'*accord fondamental* du 2ᵐᵉ degré, que lorsque celui-ci procède à la note suivante par *intervalles disjoints,* et surtout lorsqu'il *saute de quarte* ou de *quinte.*

§ **220.**—Mais si la sus-tonique procède à la note suivante par *degrés conjoints,* elle ne doit porter que l'accord de *sixte* ou celui de *quarte et sixte:* ce dernier, au cas seulement où l'on peut en *préparer la quarte;* c'est alors un *accord de passage.*

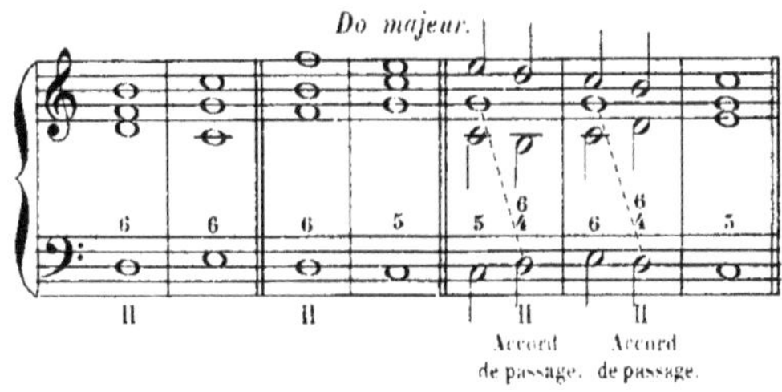

3ᵐᵉ DEGRÉ *(Médiante)*

§ **221.**—Le 3ᵐᵉ degré ne peut servir de *point de repos,* qu'à la condition de porter l'*accord de sixte;* (cadence imparfaite § 175) cet accord, 1ᵉʳ renversement de celui de la tonique (de 1ᵉʳ ordre,) est même le *seul* qui convienne à la médiante dans la plupart des cas.

§ **222.**—L'accord parfait du 3ᵐᵉ degré (de 3ᵐᵉ ordre,) ne doit être employé, (en dehors des marches unitoniques) que transitoirement, le plus souvent sur un temps faible, pour aboutir au 4ᵐᵉ degré, comme dans les cas suivants:

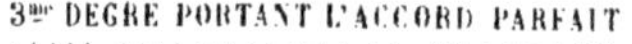

(Rappelons-nous que le 3ᵐᵉ degré de la gamme mineure 1ʳᵉ forme ne possède pas d'accord fondamental.)

§ **223.**—L'accord parfait de la médiante ne doit jamais succéder à celui du 2ᵐᵉ degré ou à celui du 4ᵐᵉ, à cause de la dureté de ces successions qui produisent la fausse relation de triton. (Voir §§ 51 et 52 du Traité complet.)

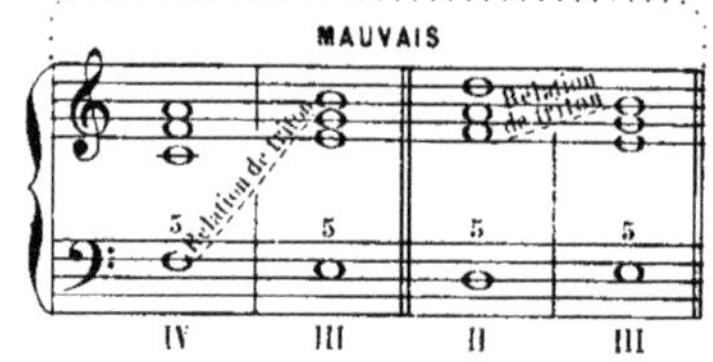

4ᵐᵉ DEGRÉ, SOUS-DOMINANTE. *(degré de 1ᵉʳ ordre)*

§ **224.**—Le *4ᵐᵉ degré* peut, parfois, être pris pour *point de repos*. Il demande, alors, presque toujours *l'accord parfait.*

§ **225.**—C'est également, à peu d'exceptions près, *l'accord parfait* qui lui convient, lorsqu'il procède à la note suivante par *degrés disjoints*, et surtout par *quinte ascendante* ou *quarte descendante.*

§ **226.**—Mais si la *sous-dominante* monte ou descend de *seconde, tierce* ou *sixte*, elle peut porter, presque indifféremment, *l'accord parfait* ou *l'accord de sixte.*

§ **227.**—L'accord parfait du *4ᵐᵉ degré ne peut succéder à celui de la dominante* qu'à la condition de ne pas placer à la 1ʳᵉ partie la *note sensible, tierce* du 5ᵐᵉ degré.

§ **228.**—Si l'accord *parfait* du *4ᵐᵉ degré* ne peut, que *très rarement*, succéder à *l'accord parfait* de la *dominante*, il n'en est pas de même de la proposition inverse: l'accord *parfait* du *4ᵐᵉ degré* précédant l'accord *parfait* du *5ᵐᵉ*. Cette dernière succession d'accords est *sans dureté*, malgré la *relation de triton* qui existe entre la *fondamentale* du 1ᵉʳ accord et la *tierce* du 2ᵈ.

§ **229.**—Le 4ᵐᵉ degré descendant sur le 3ᵐᵉ peut porter quelquefois l'accord de *quarte augmentée et sixte*, mais cela ne se fait guère qu'à trois parties.

5ᵐᵉ DEGRÉ, DOMINANTE *(de 1ᵉʳ ordre)*
l'un des points de repos par excellence

§ **230.**—Le 5ᵐᵉ degré doit généralement porter l'accord *parfait*.

§ **231.**—L'accord de *quarte et sixte* est fréquemment employé sur la *dominante,* comme précédant l'*accord parfait du même degré,* accord dont il est lui-même souvent *précédé.*

§ **232.**—L'accord de *quarte et sixte* du 5ᵐᵉ degré peut encore être suivi de celui de *quarte augmentée et sixte* du 4ᵐᵉ.

Enfin, on l'emploie souvent comme *accord de passage,* surtout en majeur.

§ **233.**—L'*accord de sixte* du 5ᵐᵉ degré, *impraticable en mineur,* ne s'emploie en majeur que dans les conditions stipulées au § 247 pour celui du 1ᵉʳ degré.

6ᵐᵉ DEGRÉ *(Sus-Dominante)*

§ **234.**—La *sus-dominante* (degré de 2ᵈ ordre) peut être, parfois, *une note de repos:* elle demande alors, le plus souvent, l'*accord parfait.*

§ **235.**—Lorsque le 6ᵐᵉ degré n'est pas employé comme *note de repos,* il peut porter, presque indifféremment, l'*accord de sixte* ou l'*accord parfait* dans la majeure partie des cas. Cependant, l'accord de *sixte,* étant le *plus tonal,* comme 1ᵉʳ renversement de l'*accord parfait* du *4ᵐᵉ* degré (de 1ᵉʳ ordre), on doit généralement le préférer: surtout si la *sus-dominante* procède à la note suivante par *degrés conjoints.*

§ **236.**—Le 6ᵐᵉ degré du *mode mineur,* descendant au 5ᵐᵉ, peut porter parfois, et principalement au *temps faible,* son accord de *quarte augmentée et sixte.*

7ᵐᵉ DEGRÉ, NOTE SENSIBLE *(de 3ᵐᵉ ordre)*

§ **237.**—La *note sensible* est par elle-même absolument *dépourvue* du *caractère de repos*. L'accord dont elle est la *fondamentale*, (celui de *quinte diminuée* qui contient les *deux notes attractives*) est, éminemment, un *accord de mouvement* appelant l'*accord parfait* de la *tonique*, le *seul* qui permette aux *notes attractives* de se résoudre selon leur *tendance*.

§ **238.**—Mais, en plaçant l'accord de *sixte* sur le 7ᵐᵉ *degré*, il n'est pas impossible d'y faire un *repos momentané*, cet accord de sixte étant le 1ᵉʳ renversement de l'*accord parfait* de la *dominante*. (Voir aux cadences § 190)

§ **239.**—Au reste, c'est l'*accord de sixte* qu'on doit employer sur la *note sensible* dans la pluralité des cas.—On ne doit se servir de l'accord de *quinte diminuée* du 7ᵐᵉ degré, en dehors du cas précité (§ **237**), que dans les *marches d'harmonie*.

DE LA PLACE QUE PEUT OCCUPER CHACUN DES ACCORDS DE 3 SONS
dans le discours musical

§ **240.**—Le *premier accord* d'un morceau de musique quelconque est, presque toujours, *celui de la tonique à l'état fondamental;* parce que, mieux qu'aucun autre, il *fait sentir,* immédiatement, et le *ton* et le *mode*.

§ **241.**—C'est également (et ceci sans exception aucune) par l'accord *parfait* de la *tonique* que doit *finir* tout morceau.

Ce *dernier accord* du morceau doit être immédiatement *précédé* soit de l'accord *fondamental* établi sur la *dominante*, pour obtenir la *cadence parfaite;* soit de l'un des accords employés *avant celui* de la *tonique* dans les *cadences plagales*. (§ 190)

§ **242.**—Toute phrase *autre que la première* peut *commencer* par l'un des accords suivants, classés selon l'ordre de la *fréquence* de leur emploi comme accords *initiaux*.

1ᵒ *ACCORDS DE TROIS SONS FONDAMENTAUX*
établis sur les degrés: 1, 5, 4, 6, 2, 7, des deux modes.

2ᵒ *ACCORDS DE SIXTE*
placés sur les degrés: 3, 7, 6, 4, 2, des deux modes, renversements des degrés fondamentaux: I, V, IV, II, VII.

§ **243.**—Il est rare qu'une phrase commence par un accord de *quarte et sixte*.

Cependant, après une *cadence* aboutissant à l'accord *parfait de la tonique* ou à *celui de la dominante,* l'accord de *quarte et sixte* du *même degré* peut servir d'accord *initial* à la phrase suivante; parce que la basse du 2ᵈ renversement se trouve ainsi préparée.

§ **244.**—*Tous les accords de trois sons, fondamentaux* ou *renversés, peuvent trouver place* dans le *corps de la phrase*.

§ **245.**—Enfin, la *terminaison* d'une phrase *autre que la dernière,* peut se faire au moyen de l'une quelconque des cadences que l'on connaît.

TABLEAU INDICATIF DES ACCORDS DE TROIS SONS
à employer sur les divers degrés d'une tonalité établie et stable.

Désignation des degrés	Pour le cas où la note à harmoniser procède à la note suivante par *degrés conjoints* ou, quelquefois, par intervalles de *tierce* ou de *sixte*.	Pour le cas où la note à harmoniser procède à la note suivante par *degrés disjoints* et surtout par intervalles de *quarte* ou de *quinte*.	*Cas particuliers*
Ier *Tonique*	Accord parfait	Accord parfait	Sur une *tenue* de la *tonique* on peut employer l'accord de *quarte et sixte* précédé et suivi de l'accord parfait du même degré. (La permutation d'octave équivaut à une tenue.) Pour l'acc^d de *sixte* du 1er degré, v. § 217.
IIme *Sus-tonique*	Accord de sixte ou accord de quarte et sixte (Pour l'emploi de ce dernier accord, voir le § 220)	Accord parfait (L'accord de quinte diminuée en mineur)	Si l'on veut deux accords sur le 2^d degré, on peut y placer, *avant* ceux de sixte ou de quarte et sixte, *l'accord parfait* en majeur, l'accord de *quinte diminuée* en mineur.
IIIme *Médiante*	Accord de sixte	Accord de sixte	Pour l'emploi de l'accord parfait du 3e degré, mode majeur, voir les §§ 222 et 223.
IVme *Sous-dom^{te}*	Accord parfait ou accord de sixte	Accord parfait	L'accord parfait du 4e degré ne doit pas, en général, succéder à celui de la dominante. (Voir le § 227) Le 4e degré *descendant* au 3e porte parfois l'accord de *quarte augmentée et sixte*. (Voir le § 229)
Vme *Dominante*	Accord parfait	Accord parfait	L'accord de *quarte et sixte* est souvent employé sur la dominante comme précédant *l'accord parfait* du même degré ; et cela, particulièrement dans les formules de cadences. On l'emploie aussi comme *accord* de passage. (§ 232)
VIme *Sus-dom^{te}*	Accord de sixte ou accord parfait	Accord parfait ou accord de sixte	Pour l'emploi de l'accord de quarte augmentée et sixte du 6e degré mineur, voir le § 236)
VIIme *Sensible*	Accord de sixte	Accord de sixte	Le 7e degré *montant à la tonique* peut aussi porter l'accord de *quinte diminuée*. Pour les autres cas où cet accord est praticable, voir le § 239)

EXERCICES

Chiffrer soi-même les basses suivantes et les réaliser à quatre parties. (*)

§ **246.**—Lorsqu'un passage de la *partie donnée* se présente sous la forme de progressions symétriques, il doit, généralement, être traité en marche: l'harmonie dont on l'accompagne doit être la même pour chaque progression. (§195)

(*) Avant tout, *numéroter* le degré de chaque note de basse.

DU CHANT DONNÉ

CONSIDÉRATIONS GÉNÉRALES

§ **247.**—Lorsqu'au lieu de la basse, c'est la *partie supérieure* de l'harmonie qui est *proposée*, on appelle cette partie proposée *Chant donné*.

Les règles concernant le choix des accords à placer *sous le chant donné*, ne peuvent avoir la *précision* de celles qui traitent de la basse à chiffrer.

En effet, l'accord que doit porter chaque note de basse est, en général, assez clairement indiqué par le rang qu'occupe cette note dans la gamme, et par son mouvement à la note suivante.

De plus, certaines cadences ne peuvent être déterminées d'une manière précise, que par la basse elle-même (§ **172**). Or, quand le chant est donné *seul*, il faut, tout d'abord, *lui construire une basse;* et c'est en cela que consiste la principale difficulté.

De la BASSE et de l'HARMONIE sous le CHANT DONNÉ

§ **248.**—La *basse* a un *caractère mélodique* qui lui est propre; son *allure* doit être *franche* et comme *rythme* et comme *intonation.*

On peut y procéder, tantôt par *degrés conjoints*, tantôt par *degrés disjoints*. Les sauts de *quarte*, de *quinte* et surtout d'*octave* y sont admis plus fréquemment que dans toute autre partie.

§ **249.**—La *basse* ne doit produire, *avec le chant*, aucun *des mouvements harmoniques défendus* entre les parties extrêmes. (§§ **29** à **32**, **150**, **182** etc.)

On doit y rechercher, autant que possible, le mouvement *contraire*, ou, à défaut, le mouvement *oblique*, sans exclure, cependant, le mouvement *direct* entre ces *deux parties*, lorsqu'il n'a rien de fautif, et qu'au contraire, il convient mieux que les autres pour *la circonstance.*

§ **250.**—Tout en *construisant une basse* sous le chant donné, il faut se préoccuper de *l'accord* qui peut convenir à *chacune de ses notes; accord* dont le *chant* et la *basse* doivent, nécessairement, *faire partie*, et qu'il faut pouvoir *compléter* par une *réalisation correcte* des parties intermédiaires.

§ **251.**—Relativement à la *place* que peut ou doit occuper chacun des accords de 3 sons, dans la phrase musicale, se conformer aux règles précédemment établies. (§§ **240** à **245**)

(Les limites de cet Abrégé ne nous permettent pas d'entrer dans tous les détails relatifs aux enchaîne-ments ou successions d'accords qui sont traités avec leurs développements aux §§ **315** à **330** du Cours Complet)

Des PÉRIODES, des PHRASES, des MEMBRES de PHRASES
et des Cadences.

§ **252.**—Les grandes divisions d'un discours musical développé se nomment *périodes.*
Chaque *période* contient, ordinairement, *plusieurs phrases.*
Les phrases peuvent être de dimensions bien différentes selon la forme et le caractère du morceau.
Pour ne parler que des *phrases carrées*, il y en a de 2, de 4, de 8, de 12, de 16 mesures et plus.
Il en est qui n'ont qu'*un membre de phrase;* et d'autres qui en possèdent *deux, trois* ou *quatre.*

§ **253.**—*Chaque membre de phrase* doit être *terminé* par une *cadence*, les *cadences-types* y seront pratiquées de préférence aux autres. (§§ **174** à **178**)

Mais encore faut-il que chaque cadence soit placée *à propos;* car, les cadences sont au discours musical ce que la ponctuation est au discours littéraire.

Voici, à défaut de règles absolues, quelques considérations qui peuvent venir en aide pour placer à propos les différentes cadences.

§ **254.**—On conçoit que les *cadences* qui ont le *sens inachevé* conviennent mieux aux *premiers membres* d'une phrase qu'à *celui qui la termine*, et qu'elles sont moins favorables que les autres pour bien faire sentir *la fin d'une période.*

Telles sont les *cadences imparfaites*, dont le sens est *éminemment suspensif.*

Au contraire, les *cadences* qui ont le *sens achevé*, c'est-à-dire, la *cadence parfaite* et la *cadence plagale,* conviennent plutôt à la fin de la phrase, ou, mieux encore, de la période, qu'aux autres parties de cette période ou de cette phrase.

§ **255.**—Le *chant* pouvant être le *même* pour les cadences *parfaite, imparfaite* et *rompue* (§ 172), le choix à faire, alors, entre ces trois cadences peut paraître embarrassant.

A ce propos, il y a lieu de rappeler que, la *cadence parfaite* devant servir de *conclusion* à la *phrase finale*, il est bon de ne *pas abuser* de cette cadence, dans le courant d'une leçon unitonique, et surtout *vers la fin*, pour ne pas tomber dans la *monotonie.*

On fera donc bien d'entremêler, autant que possible, les cadences *imparfaite, rompue* et *parfaite,* pour obtenir de la *variété.*

§ **256.**—La **dominante** qui, dans ces trois *cadences,* est employée comme *avant-dernière note* de la basse, n'y est amenée, habituellement, que dans l'*avant-dernière mesure* d'une phrase ou d'un membre de phrase en *harmonie serrée:*

ou, si l'*harmonie* est *large,* dans l'*antépénultième* et sur le *temps fort.*

§ **257.**—Dans la **demi-cadence**, la *basse* ne doit aboutir à la *dominante* qu'à la *dernière mesure;*

ou, si la terminaison est *féminine* et l'*harmonie large,* à l'*avant-dernière*, sur le temps fort.

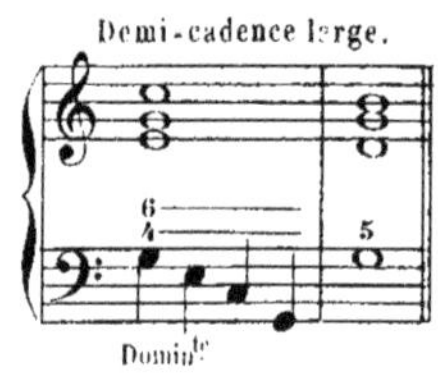

DES NOTES RÉPÉTÉES AU CHANT

§ **258.**—Lorsque, dans un *chant donné, la même note* se répète *plusieurs fois de suite*, il est généralement nécessaire d'en *modifier chaque fois l'harmonie,* soit en *changeant l'accord* à chaque note, soit en répétant une *même formule* de 2 ou 3 accords.

ACCORDS BRISÉS — TENUES

§ **259.**—Il arrive souvent que *deux, trois, quatre notes* du chant ou davantage qui se succèdent dans une même mesure ou dans plusieurs, présentent l'aspect d'un *accord brisé*.

Si ces notes sont *brèves* et font partie de la même mesure, on peut les comprendre *toutes* dans un même accord, avec ou sans changement de position à la basse.

Mais si elles sont *longues* et réparties entre plusieurs mesures, on peut préférablement, en *changer l'harmonie*, sinon à chaque note, au moins à chaque mesure.

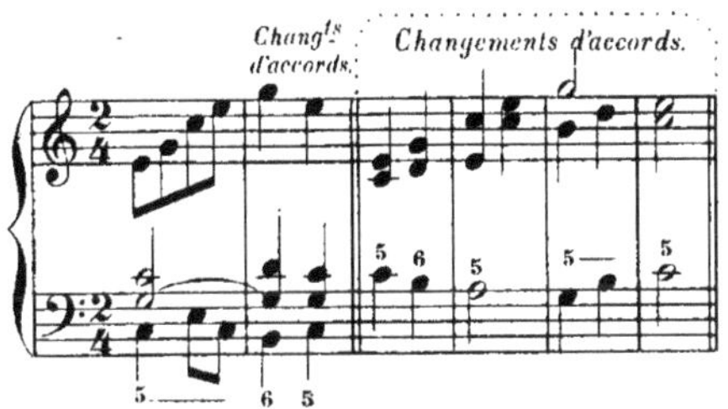

§ **260.**—*Plusieurs accords* peuvent se succéder pendant la durée *d'une note du chant*, ne fût-elle que d'une mesure ou même d'un temps, si le rythme du morceau le permet ou le réclame.

1er 3me et 5me DEGRÉ, EMPLOYÉS COMME PREMIÈRE ou DERNIÈRE NOTE
d'un Chant donné

§ **261.**—Un chant quelconque doit, en général, *commencer* par *l'une des notes* de l'accord *parfait* de la *tonique:* 1er, 3me ou 5me degré; il *finit toujours* par l'une de ces trois notes, et principalement par la tonique.

Employés comme *première* ou *dernière* note d'un chant, ces trois degrés ne peuvent remplir d'autres fonctions que les suivantes:

Le 1er degré ne peut être que la *fondamentale doublée*.

Le 3me degré ne peut remplir que la fonction de *tierce*.

Le 5me degré, celle de *quinte*.

EXERCICES

Chants donnés unitoniques ou non-modulants dont on devra trouver la basse et l'harmonie.
Après vérification de la *basse* et des *chiffres*, on *complétera* les *accords* en *remplissant* les *parties inter-médiaires*. (Avant tout, *numéroter* les degrés du chant, puis, ceux de la basse.)

DE LA MODULATION

NOTIONS GÉNÉRALES

§ 262.—On nomme *modulation* l'opération qui consiste à passer *d'une tonalité à une autre*, au moyen d'un ou de plusieurs *accords transitifs* qui préparent ou déterminent la nouvelle tonalité en détruisant le sentiment de la première. (*)

§ 263.—La *cause déterminante* de la modulation réside, le plus souvent, dans le *rapport chromatique* qui existe entre certaines notes, naturelles dans un ton, diésées ou bémolisées dans un autre.

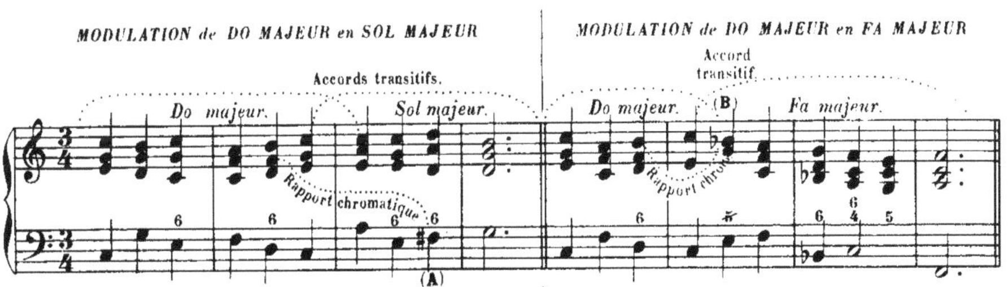

(**A**) *Fa* ♯, en rapport chromatique avec le *fa* du ton de *do*, détermine la tonalité de *sol* majeur, à laquelle les deux accords précédents ont déjà préparé.

(**B**) *Si* ♭, en rapport chromatique avec le *si* du ton de *do*, détermine la tonalité de *fa* majeur.

§ 264.—On divise les modulations en deux classes principales, savoir:
1º Les modulations aux *tons voisins*.
2º Les modulations aux *tons éloignés*.

MODULATION AUX TONS VOISINS

§ 265.—On nomme *tons voisins:*

1º Deux tons ayant *la même armature de clef*, c'est-à-dire un ton *majeur* et son *relatif mineur*, ou, réciproquement, un *ton mineur* et son *relatif majeur*.

2º Les tons dont l'armature de la clef *ne diffère* que par *un seul signe d'altération de même nature* en *plus* ou en *moins*, quand même la structure de leurs gammes nécessiterait *deux* ou *trois notes dissemblables* ou *différentielles*.

§ 266.—Ces *notes différentielles* sont les *notes caractéristiques* d'un ton par rapport à l'autre, parce que ce sont elles qui servent à déterminer la modulation de l'un à l'autre ton.

Lorsque deux tons ont *plusieurs notes dissemblables*, l'une d'elles est la *note caractéristique principale*, les autres ne sont que des *notes caractéristiques secondaires*, plus ou moins importantes, qui peuvent aider à effectuer la modulation, mais non la déterminer aussi parfaitement.

(*) Les accords qui *préparent* la nouvelle tonalité, sans la déterminer absolument, sont, ordinairement, des *accords mixtes:* c'est-à-dire, accords appartenant à la *tonalité* que l'on *quitte* et à *celle* où l'on va.

§ **267.**—Le ton qui sert de point de départ à une modulation est appelé *ton primitif*.
(S'il s'agit de celui par lequel commence et finit le morceau, on peut le nommer *ton principal*.)

§ **268.**—Un ton quelconque, majeur ou mineur, a toujours *cinq tons voisins;* dont trois *voisins directs* et deux *voisins indirects*.

REMARQUES

§ **269.**—D'après les exemples qui précèdent, on peut constater:

1º Que *deux tons relatifs* sont, nécessairement, *voisins directs* l'un de l'autre.

2º Que les *quatre autres tons voisins* sont *communs aux deux relatifs*, avec cette différence que les *voisins directs* de l'un sont les *voisins indirects* de l'autre, et réciproquement.

EXERCICE

Disposer les *tons voisins* des *tons primitifs* suivants, de la même manière que le sont ceux des tons de do majeur et de la mineur dans les deux tableaux qui ont servi d'exemples. Désigner, comme dans ces deux tableaux, les *notes caractéristiques* de chaque ton voisin relativement au ton primitif.

TONS PRIMITIFS DONNÉS

Sol majeur, mi mineur, fa majeur, ré mineur, ré majeur, si mineur, si ♭ majeur et sol mineur.

§ **270.**—La *modulation aux tons voisins* est facile à effectuer: on peut la faire au moyen d'*un seul accord transitif;* on peut la faire au moyen de *plusieurs*.

§ 271.—Les *accords de trois sons* les plus favorables pour déterminer par eux mêmes la modulation aux tons voisins, sont, selon le cas:

1º L'accord *parfait* de la *dominante,* fondamental ou renversé, du ton où l'on veut passer.

2º L'accord *de quinte diminuée du septième degré,* fondamental ou renversé, appartenant au ton où l'on veut aller.

L'un de ces deux accords contient toujours la *note caractéristique principale* du ton voisin vers lequel on se dirige, par rapport au ton primitif que l'on quitte.

EXERCICES

Chiffrer les *basses données* suivantes en ayant le soin d'employer le *moyen* indiqué en tête de chaque exercice pour *opérer* les diverses *modulations* qu'il contient.

Après vérification des chiffres, prendre connaissance des §§ **272 à 278** qui suivent, et réaliser ces quatre basses avec le *nombre de parties* indiqué.

SOL MAJEUR, TON PRINCIPAL

Modulations à effectuer par le moyen de *l'accord parfait* de la *dominante, fondamental ou renversé.*

RÉ MINEUR, TON PRINCIPAL

Modulations à effectuer par le moyen de *l'accord parfait* de la *dominante, fondamental ou renversé.*

RÉ MAJEUR, TON PRINCIPAL

Modulations à effectuer par le moyen de l'accord de **quinte diminuée** *du 7ᵐᵉ degré, fondamental ou renversé.*

SOL MINEUR, TON PRINCIPAL

Modulations à effectuer par le moyen de l'accord de **quinte diminuée** *du 7ᵐᵉ degré, fondamental ou renversé.*

RÉALISATION de l'HARMONIE CHROMATIQUE
modulante ou non modulante

§ **272.**—En enchaînant deux accords, dont l'un contient une ou plusieurs notes en *rapport chromatique* avec celles de l'autre accord, il faut éviter, soigneusement, la *fausse relation chromatique* ou la *fausse relation d'octave* qui résulterait de la succession *immédiate, dans deux parties différentes,* de ces notes en rapport chromatique.(*)

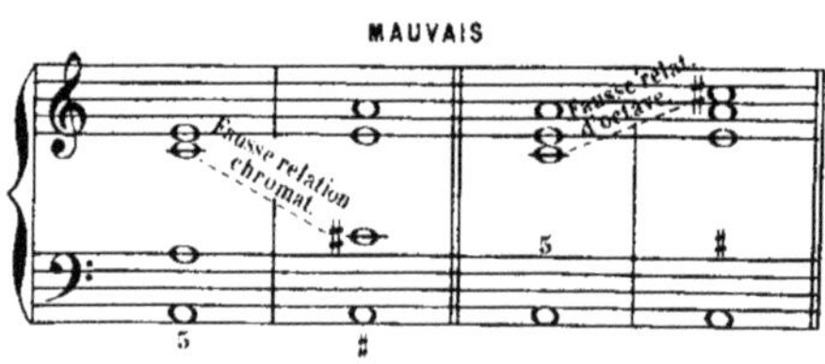

§ **273.**—Pour éviter toute *fausse relation,* il faut placer à la *même partie* les deux notes en *rapport chromatique,* en procédant par demi-ton.

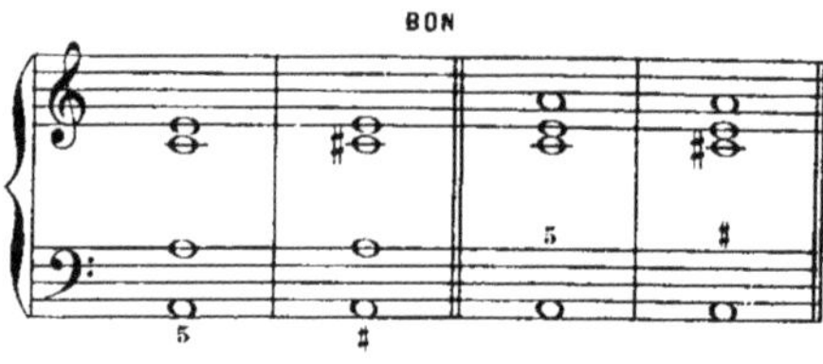

(*) *NOTA.*—Un *accord intermédiaire* ne suffit pas toujours pour détruire ces *fausses relations.*

EXCEPTION

§ **274.**—Lorsque, pour moduler *d'un ton majeur* à son *relatif mineur*, on fait succéder à l'accord parfait de la tonique du mode majeur,(état fondamental),l'accord de sixte ou celui de quinte diminuée du 7me degré du mode mineur, il est préférable de faire la *fausse relation d'octave* plutôt que de doubler ce 7me degré, *note sensible*. Mais *on doit éviter,* autant que possible, de placer à la *partie supérieure*, la *quinte du premier accord*, parce que la *fausse relation* se trouverait alors entre les deux *parties extrêmes*, ce qui la mettrait *par trop en évidence*.

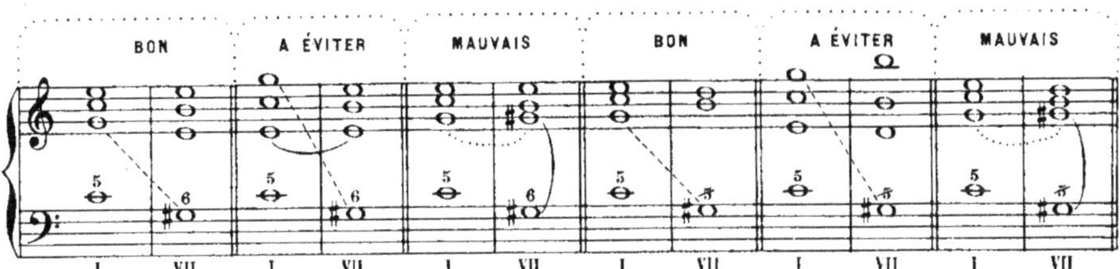

§ **275.**—On doit s'efforcer, le plus possible, à *ne doubler* ni l'une ni l'autre des notes qui se suivent *chromatiquement*; à moins que la note doublée ne soit la *fondamentale* d'un accord parfait.

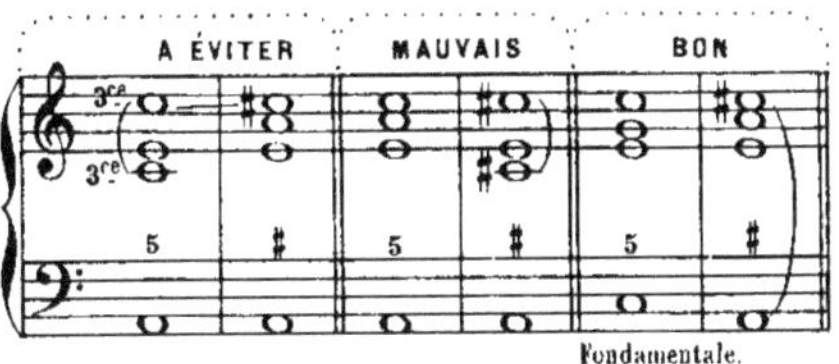

§ **276.**—Le *mouvement direct* est permis aux quatre parties à la fois, lorsque l'une d'elles procède par *demi-ton chromatique* ascendant ou descendant.

MOUVEMENTS DIRECTS PERMIS

§ **277.**—Quand la *note sensible* du ton vers lequel on se dirige fait partie de l'accord qui détermine la modulation elle doit, plus que jamais, *monter à la tonique*.

DU DEMI-TON CHROMATIQUE EMPLOYÉ MÉLODIQUEMENT

§ **278.**—Lorsque la composition des accords le permet, il est bon que le *demi-ton chromatique* employé *mélodiquement* fasse partie d'une *série de quatre sons*, tous *ascendants* ou *tous* descendants. Si l'on ne peut obtenir une telle série de demi-tons, il faut tâcher du moins d'en avoir *deux*, et prendre l'autre intervalle dans la *même direction*.

EXERCICE

Réaliser les *quatre leçons* qui ont été données aux pages 63 & 64.

N.-B.—Il sera bon d'enchaîner l'un à l'autre les *deux accords* qui sont séparés par une *double-barre*, partout où cela se trouvera dans ces leçons.

MODULATION AUX TONS ÉLOIGNÉS

§ **279.**—On nomme *tons éloignés* ceux qui diffèrent entre eux par *plus d'un accident* dans l'armature de la clef, comme par exemple, *do* majeur qui n'a *rien* et *ré* majeur qui a *deux diè-ses*, *sol* majeur qui a *un dièse* et *ré* mineur qui a *un bémol*, *do* mineur qui a *trois bémols* et *fa* majeur qui n'en a qu'*un*.

§ **280.**—La *modulation* aux *tons éloignés* est, généralement, plus compliquée que celle aux tons voisins.

Cependant, il y a une telle *parenté* entre certains tons *dits éloignés*, que le passage de l'un à l'autre est, pour le moins, aussi facile que celui d'un ton à son voisin le plus direct. Tels sont, par exemple, deux tons de *modes différents* établis sur *une même tonique*, comme *do majeur* et *do mineur*, lesquels ont *trois accidents de différence* dans l'armature de la clef et seulement *deux notes différentielles* dans la structure de leurs gammes, savoir: le *3me* degré (médiante) note caractéristique *principale*, et le *6me* degré (sus-dominante), note caractéristique *secondaire importante*.

MODULATION PAR LE CHANGEMENT DE MODE

§ **281.**—Il suffit, en effet, pour passer *d'un mode à l'autre*, de transformer *l'accord du 1er degré*, fondamental ou renversé, de *majeur en mineur* ou de *mineur en majeur*, ce qui se fait en *baissant* ou en *haussant* la *tierce* de cet accord (la médiante) d'un *demi-ton chromatique*.

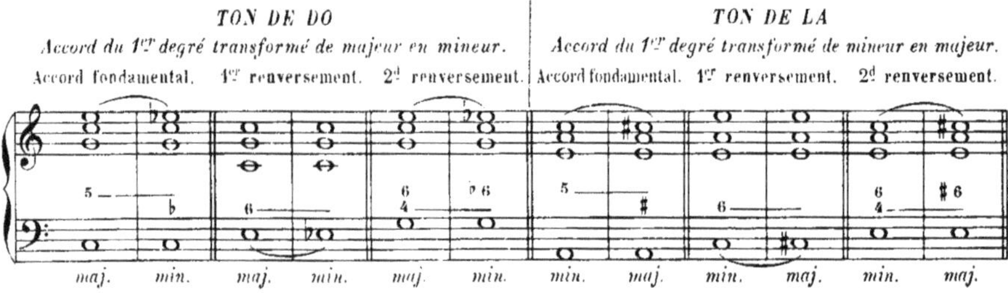

EXERCICE

Chiffrer la leçon suivante, en ayant le soin d'effectuer tous les *changements de modes* au moyen de l'accord du *1er degré*, fondamental ou renversé, transformé de *majeur en mineur* ou de *mineur en majeur*, selon le cas. Ce premier travail vérifié, réaliser cette leçon à 4 parties.

AUTRES MANIÈRES D'EFFECTUER LE CHANGEMENT DE MODE DE MAJEUR EN MINEUR

§ **282.**—On peut *aborder* le *mode mineur*, après le mode majeur, (même tonique) par un *autre accord* que celui du 1er degré, par exemple, par ceux du *2me* et du *4me* degré (fondamentaux ou renversés) l'un et l'autre contenant la *sus-dominante*, note *caractéristique secondaire*.

TON DE DO

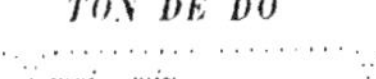

§ **283.**—Ou bien encore, par l'accord du *6me* degré, dont la *fondamentale* est la note *caractéristique secondaire*, et la *quinte*, la note *caractéristique principale*.

§ **284.**—Le changement de mode de *mineur en majeur* ne pourrait se faire ainsi sans une grande dureté, à cause de la *fausse relation* de *triton* que produiraient le *3me degré mineur* et le *6me degré majeur* mis en contact immédiat.

§ **285.**—Néanmoins, après le mode mineur, on peut aborder le *mode majeur* par le *premier renversement de l'accord du 4me degré* (l'accord de sixte du 6me) et surtout à la suite de l'*accord de dominante* commun aux deux modes.

Le *changement de mode* des accords ne s'applique pas seulement à ceux dont nous venons de parler, on peut le pratiquer sur un *degré quelconque*, soit pour une *modulation voisine* ou *éloignée*, soit pour adoucir cette modulation *en la préparant*.

EXERCICE

Chiffrer la *basse donnée* suivante, puis la réaliser à 4 parties, après vérification des chiffres.

A.L.8802.

DE LA MODULATION PAR L'ÉQUIVOQUE

§ **286.**—Chacun des *accords de trois sons* peut appartenir à *plusieurs tonalités.* Ainsi, le *même accord parfait,* qu'il soit *majeur,* qu'il soit *mineur,* peut jouer un rôle dans *cinq tonalités différentes: trois* de mode majeur et *deux* de mode mineur.

L'accord parfait majeur *do-mi-sol,* par exemple, appartient, à différents titres, aux *5 tonalités* suivantes:

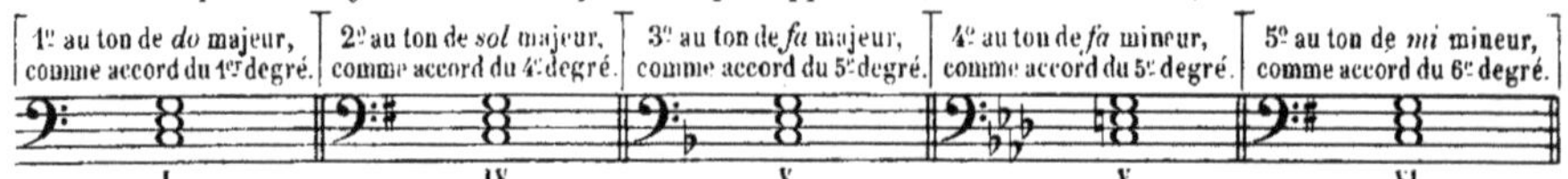

§ **287.**—Le *sens multiple* d'un accord permet d'*équivoquer,* c'est-à-dire qu'on peut *lui prêter* une *signification* qu'il n'avait pas tout d'abord, en *l'attribuant* à une tonalité *autre* que celle qui existait au moment de son émission.

Grâce à *cette équivoque,* on peut passer de *l'un à l'autre* quelconque *des tons* auxquels cet accord peut appartenir, et même à *certains voisins* du *ton supposé* par l'équivoque.

MODULATIONS PAR L'ÉQUIVOQUE

§ **288.**—On peut se servir coup sur coup, de *l'équivoque* et du *changement de mode* pour obtenir d'autres *modulations éloignées.*

§ **289.**—On peut également profiter du *sens multiple* que possède l'accord par lequel on opère le *changement de mode,* pour passer à l'un des *tons voisins* du *nouveau mode.*

EXERCICE

Chiffrer la leçon suivante, en se servant principalement de *l'équivoque* comme moyen de modulation. Après vérification des chiffres, la réaliser à 4 parties.

DE LA MODULATION COMPOSÉE
et des Marches modulantes

§ 290.—Lorsqu'au lieu d'aller, *directement,* du ton primitif à celui qu'on veut atteindre, on *touche,* en passant, à *une* ou *plusieurs tonalités intermédiaires* plus ou moins définies, il y a **modulation composée.**

§ 291.—Par la *modulation composée,* on parvient sans dureté aux tons *les plus éloignés.*

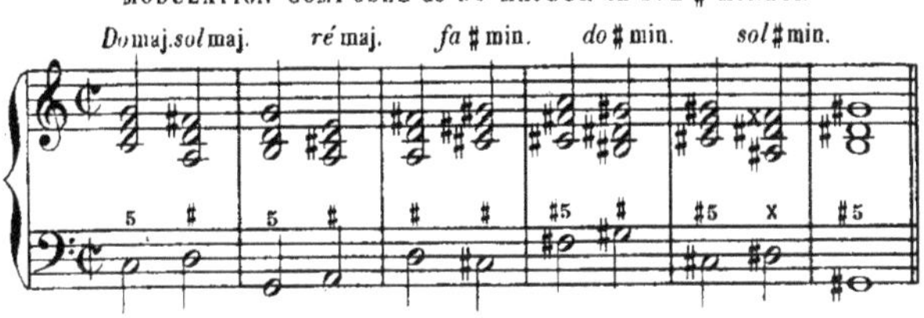

MARCHES MODULANTES

§ 292.—Les *marches modulantes* sont celles qui parcourent *plusieurs tonalités.*

Il y en a de *deux sortes:* les marches à *modulations convergentes* et les marches à *modulations divergentes.*

(Ces dernières offrent un puissant moyen pour moduler aux tons éloignés.)

§ 293.—Les marches à *modulations convergentes* sont celles qui résultent de la *convergence* de plusieurs tonalités *autour d'une tonalité principale* dont elles sont *voisines.*

§ 294.—Les marches à *modulations divergentes* sont celles ou l'on s'éloigne de plus en plus du *ton primitif.*

EXERCICE

Realiser les marches d'harmonie suivantes avec le *nombre de parties* indiqué. Désigner les tonalités employées.

A QUATRE PARTIES

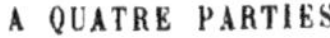

DE LA CADENCE ÉVITÉE

§ **295.**—Lorsque l'on *substitue* à l'accord de tonique, qui termine la cadence parfaite, un *accord modulant* quelconque, on fait une **cadence évitée.**

Cet *accord modulant*, qui constitue la *cadence évitée*, est ordinairement, parmi les accords de trois sons, *celui de la dominante* ou *celui du septième degré* de l'un des tons voisins, l'un et l'autre à l'état *fondamental* ou à l'état de *premier renversement*.

EXEMPLES DE CADENCES ÉVITÉES EN DO MAJEUR

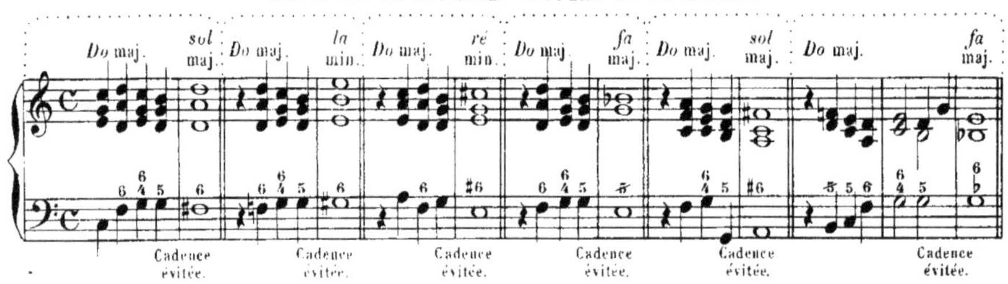

EXERCICE

Désigner toutes *les cadences* contenues dans la leçon suivante, ainsi que les diverses *tonalités* par lesquelles on passe, quelle que soit leur durée. Réaliser ensuite cette leçon à 4 parties.

DES MODULATIONS PASSAGÈRES
et
DES ACCORDS CHROMATIQUES OU ALTÉRÉS

§ 296.—On a vu (§ 263) comment, par le *rapport chromatique* qui existe entre certaines notes, naturelles dans un ton, diésées ou bémolisées dans un autre, on peut provoquer une modulation.

§ 297.—Cette *modulation* est *passagère*, si l'on ne fait qu'effleurer la *nouvelle tonalité* pour revenir immédiatement à la première.

§ 298.—Mais, si l'on s'établit pendant quelque temps dans le nouveau ton, la *modulation* est *définitive* et l'impression de la première tonalité se trouve plus ou moins effacée.

§ 299.—L'ensemble d'une phrase peut conserver *sa tonalité*, tout en contenant *une* ou *plusieurs modulations passagères*.

§ 300.—Ces *modulations passagères* sont même, souvent, plus *apparentes que réelles*.
C'est ce qui arrive lorsqu'on ne fait qu'*altérer une* ou *plusieurs* notes des *accords appartenant à la tonalité prédominante*, sans changer le *sens tonal* qu'auraient les *mêmes accords non-altérés*.

§ 301.—Les accords modifiés par *une* ou *plusieurs altérations* deviennent des *accords chromatiques* et tirent leur origine des *gammes chromatiques ascendantes* et *descendantes* des 2 modes.
Ces accords peuvent être considérés comme *empruntés* à des tonalités voisines ou éloignées.

§ 302.— *Les accords d'emprunt*, introduits dans une phrase ayant une *tonalité prédominante* bien déterminée, ne détruisent nullement l'*unité tonale*, puisqu'on pourrait, sans changer le sens de ces accords ni de cette phrase, *substituer* aux *notes altérées* les mêmes notes *sans l'altération*.

§ 303.—Les accords *chromatiques* ou *altérés* qu'on peut employer ainsi *sans moduler*, constituent l'**harmonie chromatique non-modulante.**

RÉALISATION DES ACCORDS ALTÉRÉS

§ **304.**—En introduisant des *altérations* dans les accords, on doit éviter la *fausse relation chromatique* et la *fausse relation d'octave*.

§ **305.**—Il est de principe que toute *altération supérieure* doit *monter* d'un *demi-ton* et toute *altération inférieure, descendre* de la *même quantité*.

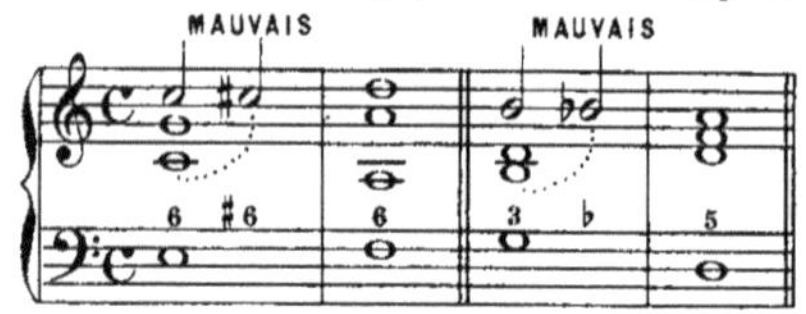

Les exceptions, qui ne peuvent trouver place dans cet Abrégé, sont traitées à la page 169 du Cours Complet.

§ **306.**—On ne doit pas faire entendre, à la fois, la note *altérée* et la même note *non-altérée*. On ne doit pas, non plus, doubler l'altération.

Pour les exceptions, voir plus loin § **562**.

EXERCICES

Introduire les altérations désignées, après les avoir préparées (*) Chiffrer les basses.

MODE MAJEUR

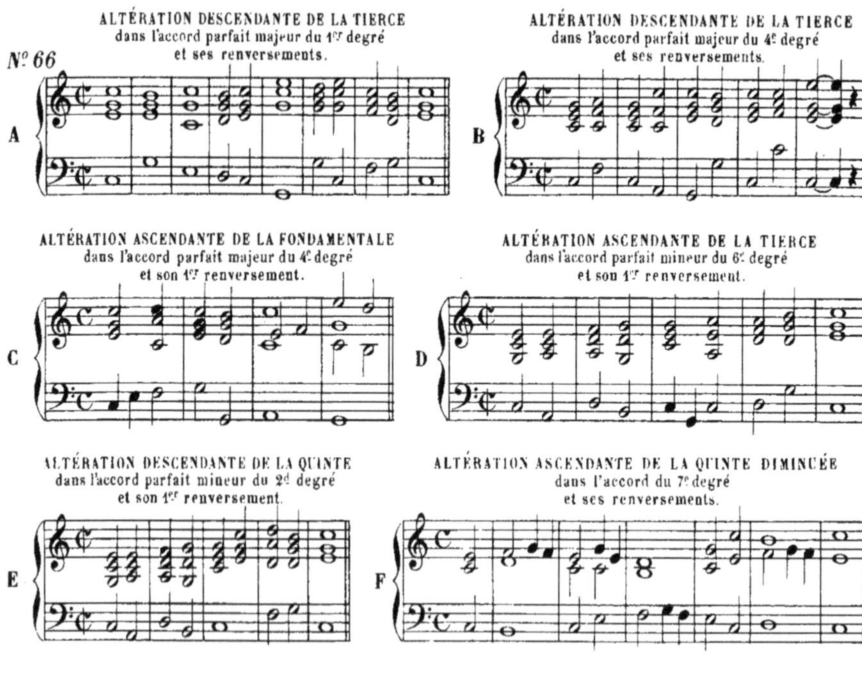

(*) *Préparer une altération*, c'est faire entendre d'abord *la même note non-altérée* (Voir les exemples des §§ 297, 302 & 303)

MODE MINEUR

ALTÉRATION ASCENDANTE DE LA TIERCE
dans l'accord parfait mineur du 1er degré et ses renversements.

Nº 67.

A

ALTÉRATION DESCENDANTE DE LA TIERCE
dans l'accord parfait majeur du 5me degré et ses renversements.

B

ALTÉRATION DESCENDANTE DE LA FONDAMENTALE
dans l'accord de quinte diminuée du 2me degré et ses renversements.

C

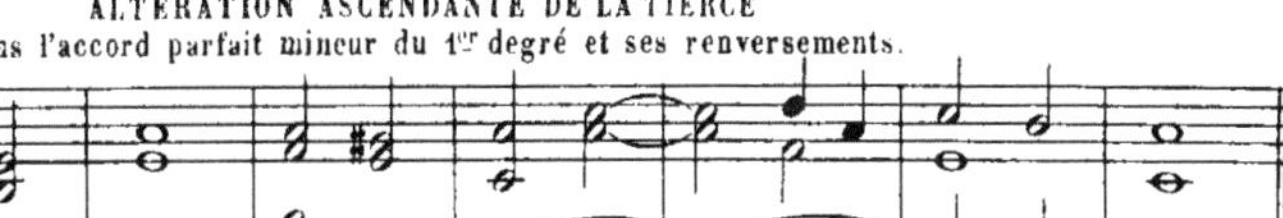

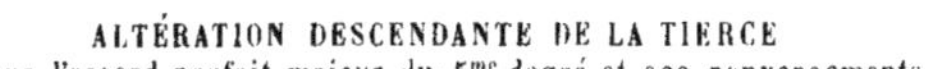

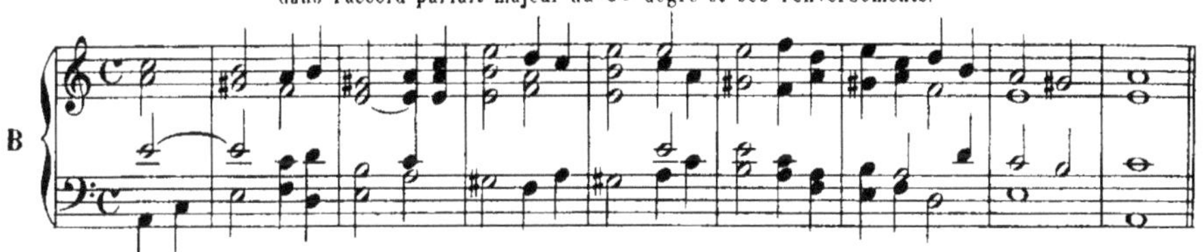

DES ALTÉRATIONS NON-PRÉPARÉES

GAMME DIATONIQUE MINEURE SECONDE FORME

§ 307.— Toutes les altérations qui ont été données jusqu'ici étaient préparées; (c'est-à-dire que *chaque note altérée* était précédée de la *même note non-altérée.)*

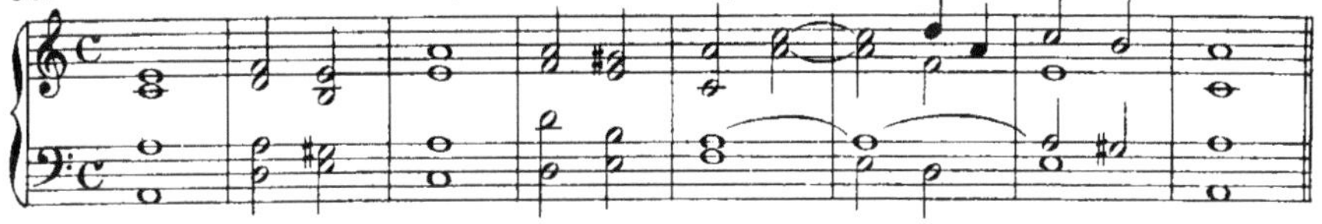

Employées ainsi, les altérations ne sont, en quelque sorte, que des *notes de passage chromatiques* partageant *le ton* en *deux demi-tons.* (Voir plus loin § 318)

Mais, certaines d'entre elles peuvent être *attaquées sans préparation;* et, bien que, dans ce cas, le *demi-ton chromatique* ne soit point pratiqué *mélodiquement,* les accords qui contiennent ces altérations n'en sont pas moins des *accords chromatiques,* puisqu'ils renferment une ou plusieurs notes *étrangères à la gamme diatonique* du *ton existant.*

ALTÉRATIONS ATTAQUÉES SANS PRÉPARATION

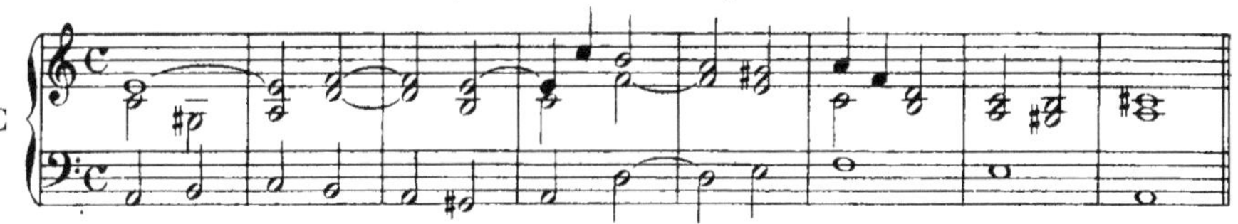

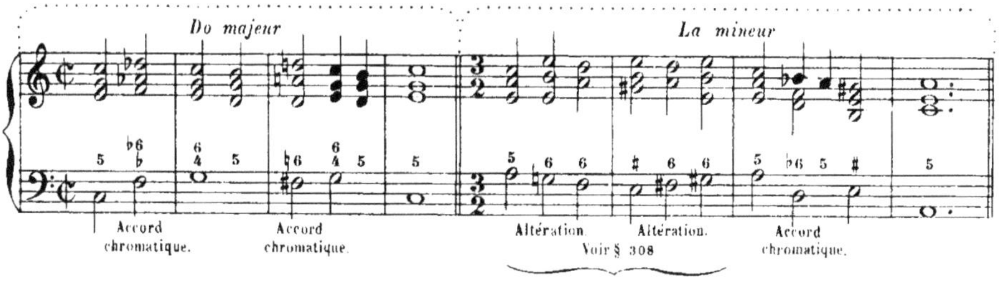

§ 308.—La fréquence de l'emploi, sans préparation, de l'altération *ascendante* du 6me degré et de l'altération *descendante* du 7me, dans le mode mineur, a donné naissance à la *gamme diatonique mineure 2de forme*; laquelle, bien qu'entachée de *chromatisme*, est cependant considérée comme étant *diatonique*, parce que le *diatonique y domine*.

Voici la gamme diatonique mineure sous ses deux formes:

DE L'USAGE QU'ON PEUT FAIRE DU 6me DEGRÉ HAUSSÉ ET DU 7me DEGRÉ BAISSÉ DE LA GAMME MINEURE

§ 309.—Le *6me degré haussé* doit toujours faire partie d'une *série ascendante* procédant, le plus souvent, par *degrés conjoints*; mais parfois, pourtant, par *degrés disjoints*. Il doit y être suivi de la *note sensible* à laquelle doit succéder la *tonique*, soit immédiatement, soit presque aussitôt, comme dans les exemples suivants:

§ 310.—Le *7me degré baissé* doit presque toujours faire partie d'une *série descendante* procédant, soit par *degrés conjoints*, soit par *degrés disjoints*.

§ 341.—Il arrive parfois, mais rarement, qu'on fait, en montant, le *7me degré baissé*, pour obtenir une meilleure harmonie.

§ 312.—*OBSERVATIONS.*—Avec le *mode mineur 1re forme* seulement, le *3me degré* était *sans accord consonant fondamental*, le *5me degré*, *sans premier renversement consonant* (§§ 70 et 233) grâce à la gamme mineure *2de forme*, ces lacunes se trouvent comblées.

§ 313.—Les accords dont fait partie le *7me degré baissé* peuvent être assimilés aux *accords semblables* qui se trouvent dans le *ton majeur relatif*; ils peuvent être considérés comme lui étant *empruntés*; ils sont assujettis aux *mêmes lois de succession* que si l'on était réellement dans ce ton majeur.

EXERCICES

Réaliser les leçons suivantes avec le nombre de parties indiqué. Désigner la tonalité des *accords d'emprunt*.

Des BASSES et des CHANTS DONNÉS MODULANTS
dont on doit trouver l'harmonie

§ 314.—Dans les leçons *modulantes*, après avoir reconnu le *ton principal*, (celui par lequel commence et finit le morceau) (*) il convient de rechercher, tout d'abord, les *diverses tonalités* auxquelles peuvent appartenir les différents passages de la *partie donnée*.

Celle-ci ne contenant pas toujours les *notes caractéristiques* de chaque modulation, c'est à l'instinct musical, au sentiment de la tonalité, qu'il appartient de la reconnaître.

D'ailleurs, si, parmi les *modulations* auxquelles peut se prêter la *partie donnée*, il en est d'*indispensables*, d'autres ne sont, parfois, que *facultatives*. L'emploi de *ces dernières* est subordonné au caractère du morceau.

§ 315.—Il est des *phrases mélodiques* qui, n'ayant point par elles-mêmes de *signification tonale* bien déterminée, peuvent appartenir à *plusieurs tonalités*: elles sont donc susceptibles d'être interprétées de différentes manières: c'est souvent une affaire de goût ou de fantaisie.

Cependant, si une phrase de ce genre se présentait au *début du morceau*, elle serait, nécessairement, considérée comme appartenant au *ton principal*. Il en serait de même si elle servait de *phrase finale*.

(*) Un morceau doit toujours *commencer et finir dans le même ton*. Quant au *mode*, celui de la fin peut n'être pas celui du début; ainsi, l'on *finit* souvent en *majeur* un morceau *commencé* en *mineur*. Le contraire se fait aussi, mais plus *rarement*.

DES NOTES ESSENTIELLEMENT MÉLODIQUES
étrangères à l'harmonie

NOTIONS GÉNÉRALES

§ **316.**—Dans la composition d'une partie mélodique quelconque, on peut introduire des *notes étrangères aux accords employés*.

En général, on n'indique point ces *notes étrangères* dans le chiffrage, à moins qu'elles ne forment, par leur combinaison avec les notes *intégrantes* ou *essentielles* de l'harmonie (*) des agrégations semblables à celles de certains accords.

§ **317.**—On compte *six* espèces de *notes* purement *mélodiques*; savoir:

1° La *note de passage*; — 2° la *broderie*; — 3° l'*appoggiature*; — 4° l'*échappée*; — 5° l'*anticipation*; — 6° la *syncope*.

(*) Les notes qui font partie des accords employés sont appelées *notes réelles, notes essentielles* ou *notes intégrantes*.

NOTES DE PASSAGE

§ 318.—On nomme *note de passage*, toute note étrangère à l'harmonie, qui, placée *entre deux notes essentielles*, sert à *remplir*, diatoniquement ou chromatiquement, l'*intervalle* qui sépare *ces deux notes*, de manière à conduire de l'une à l'autre par *degrés conjoints* ou par *demi-ton*.

(Nous indiquons les *notes de passage* par la lettre P.)

§ 319.—Une *note de passage* doit toujours être en *rapport conjoint* avec la *note* qui la précède et avec *celle* qui la *suit*.

§ 320.—En général, on ne doit faire les *notes de passage* que sur les *temps faibles* ou sur les *parties faibles* des temps, et seulement *après l'attaque* de l'accord. (Voir les exemples qui précèdent et ceux qui suivent.)

§ 321.—La *valeur* d'une note de passage peut être *égale* à celle de la note essentielle qui la précède;elle peut être *plus courte*; elle est rarement *plus longue*.

§ 322.—*Toutes les parties* peuvent recevoir des *notes de passage*;on peut les pratiquer dans *plusieurs parties* à la fois: elles doivent, alors, marcher en *tierces*, en *sixtes*, ou par *mouvement contraire*.

§ 323.—Les *notes de passage* ne doivent pas produire des *quintes* ou des *octaves consécutives*.

EXERCICES

Introduire des *notes de passage diatoniques* dans les *marches* suivantes.

MARCHES

MODE MINEUR

6ᵐᵉ degré haussé et 7ᵐᵉ degré baissé employés comme notes de passage.

§ **324.**—Pour *monter* diatoniquement du 5ᵐᵉ au 7ᵐᵉ degré du mode mineur par le moyen du *6ᵐᵉ degré* employé comme *note de passage*, on se sert communément, de la *gamme mineure ascendante 2ᵈᵉ forme* (*6ᵐᵉ degré haussé*), pour éviter le saut de *seconde augmentée* qu'on aurait, sans cela, du *6ᵐᵉ degré mineur* à la *note sensible*.

§ **325.**—Par la même raison, on se sert de la *gamme mineure descendante 2ᵈᵉ forme* (7ᵐᵉ degré baissé), pour *descendre* diatoniquement du 8ᵐᵉ au 6ᵐᵉ degré mineur, par le moyen du 7ᵐᵉ degré employé comme *note de passage*.

EXERCICE

Introduire des *notes de passage* dans la leçon suivante.

N° 77.

ORNEMENTS MÉLODIQUES
BRODERIE

§ **326.**—Un *ornement mélodique* est une note étrangère à l'harmonie, qui se fait à la seconde, *supérieure* ou *inférieure*, *majeure* ou *mineure*, de sa *note principale*.

On compte *trois espèces* d'ornements mélodiques; savoir:

la *broderie*, l'*appoggiature* et l'*échappée*.

(De ces trois ornements, la *broderie* est le *seul* qui convienne au *style scolastique élémentaire:* c'est pourquoi nous renvoyons à plus tard l'étude de l'*appoggiature* et de l'*échappée*.)

§ 327.—La *broderie, succède* à sa note principale, la *remplace* momentanément, et *retourne* à cette même note.

Elle occupe, généralement, un *temps faible,* ou la *partie faible* d'un temps. (Nous la désignons par la lettre B.)

§ 328.—En général, la *broderie supérieure* se fait au moyen du *degré diatonique* placé au-dessus de sa note principale: que la distance qui existe entre ces deux notes soit d'*un ton* ou qu'elle soit d'un *demi-ton.*

§ 329.—La *broderie inférieure* se fait, le plus souvent, à la *seconde mineure* de sa note principale: lors même qu'on serait obligé d'avoir recours à une *altération* pour obtenir cette *seconde mineure.* (Cette altération n'influe en rien sur la tonalité et n'oblige nullement à moduler.)

§ 330.—Cependant, *tous les degrés* dont la *note diatonique inférieure* se trouve à distance d'*un ton,* peuvent être ornés au moyen de *cette note.*

§ 331.—Un ornement quelconque ne doit, en aucun cas, se trouver à *plus d'un ton* de sa note principale.

Aussi, est-on obligé :

1º pour appliquer au 6ᵐᵉ *degré* du mode mineur sa *broderie supérieure,* de *baisser* le 7ᵐᵉ degré d'un demi-ton chromatique;

2º pour obtenir la *broderie inférieure* de la *note sensible* du même mode, de *hausser* le 6ᵐᵉ *degré* d'un ou deux demi-tons.

§ **332.**—On peut *broder*, non-seulement les *notes essentielles* de l'harmonie, mais encore les *notes de passage* et celles d'*ornement* quelles qu'elles soient.

§ **333.**—*Toutes les parties* sont susceptibles de recevoir des *broderies;* on peut les pratiquer dans *plusieurs parties à la fois:* comme les notes de passage *simultanées,* elles doivent alors marcher en *tierces,* en *sixtes* ou par *mouvement contraire.*

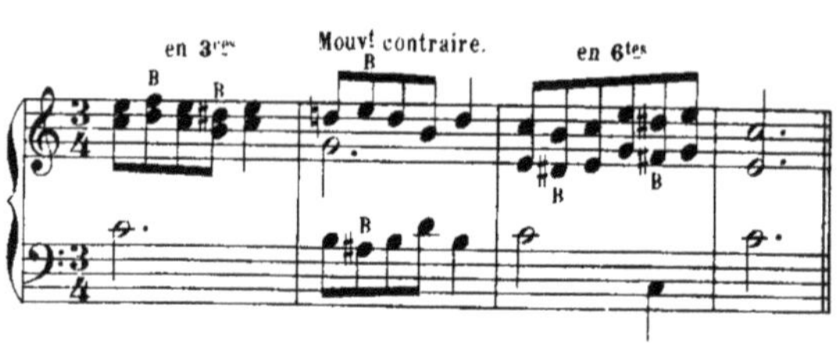

EXERCICES

Varier les marches suivantes de plusieurs manières en y ajoutant des broderies.

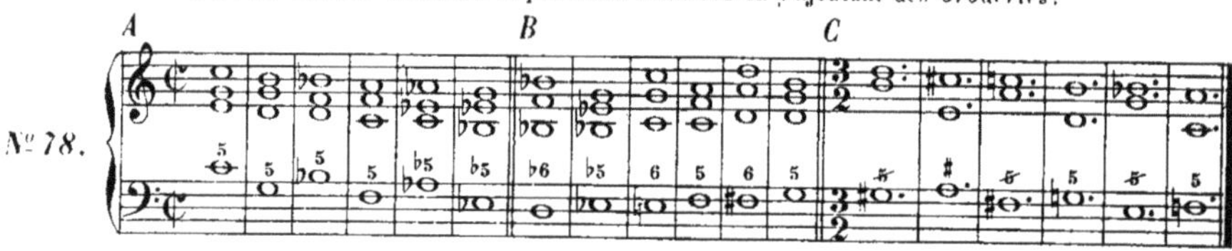

Ajouter des broderies aux leçons suivantes.

MODE MINEUR

Broderie supérieure du 6ᵐᵉ degré, broderie inférieure du 7ᵐᵉ.

DE L'IMITATION

§ 334.—On appelle *imitation*, la *reproduction*, dans une partie, d'un *dessin mélodique* entendu précédemment dans une autre partie.

Le dessin proposé se nomme *antécédent;* la reproduction de ce dessin dans une autre partie se nomme *conséquent.*

§ 335.—Le motif d'une *imitation* peut n'être composé que de *notes essentielles;* mais il renferme très souvent des *notes étrangères* aux accords employés.

§ 336.—Une imitation peut se faire à *un intervalle quelconque,* mais, le plus souvent, elle a lieu à l'*unisson* ou à l'*octave,* à la *quarte* ou à la *quinte.* (C'est de la 1re note de l'antécédent à la 1re note du *conséquent* que l'on compte cet intervalle.)

§ 337.—L'*imitation* est plus ou moins *exacte* comme *intonation;* quant au *rythme,* il doit être *le même* aux deux parties qui s'imitent.

§ 338.—On appelle *imitation exacte,* celle où le conséquent répond à *tous les intervalles mélodiques* de l'antécédent par des *intervalles identiques;* c'est-à-dire: à une *2de majeure* par une *2de majeure,* à une *3ce mineure* par une *3ce mineure,* etc...

EXERCICE

Réaliser les marches suivantes qui contiennent des notes de passage et donnent lieu à des imitations.

MARCHES A IMITATIONS

FIN DE LA PREMIÈRE PARTIE

DEUXIÈME PARTIE

Harmonie Dissonante Naturelle

EXPOSÉ

Nous avons dit (§ 48) que les *accords dissonants* sont ceux ceux qui renferment une ou plusieurs *dissonances.*

Ces *dissonances* peuvent être *diatoniques;* elles peuvent être *chromatiques.*

§ **339.**—Les *dissonances diatoniques* sont celles qu'on peut former au moyen de deux notes appartenant à la *même gamme diatonique*, comme les 2des, les 7mes et les 9mes majeures et mineures, ainsi que la 7me diminuée et la 2de augmentée (6me et 7me degrés du mode mineur.)

§ **340.**—Les *dissonances chromatiques* sont celles qu'on ne peut former, dans aucun mode, sans le secours d'une *altération chromatique.* comme la 3^{ce} diminuée, la 6te augmentée. etc...dont les deux notes n'appartiennent jamais à la même gamme diatonique.

§ **341.**—Un *accord dissonant* est *diatonique,* s'il ne contient que des *dissonances diatoniques.*

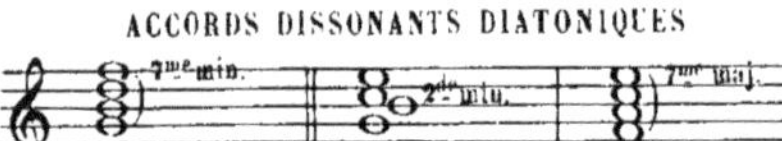

§ **342.**—Un *accord dissonant* est *chromatique,* dès qu'il renferme une *dissonance chromatique.*

§ **343.**—Parmi les accords *dissonants diatoniques,* il en est pour lesquels il est nécessaire de préparer la *dissonance* ou les *dissonances;* il en est d'autres qui peuvent se faire sans *préparation.*

Ces derniers forment ce que l'on appelle l'*harmonie dissonante naturelle;* les autres sont compris dans l'*harmonie dissonante artificielle.*

RÉSOLUTION des ACCORDS DISSONANTS
notes à mouvement obligé

§ **344.**—L'*enchaînement* d'un accord dissonant à celui qui le suit immédiatement se nomme *résolution.*

§ **345.**—Dans la *résolution* d'un accord dissonant, il y a toujours *une* ou *plusieurs* notes dont la marche mélodique est *contrainte* ou *forcée;* on les appelle: *notes à mouvement obligé;* elles ne peuvent pas être doublées.

§ **346.**—Il est également défendu de doubler par *mouvement direct*, la *note* sur laquelle vient se résoudre une dissonance. En d'autres termes, l'*octave directe* provenant de la *résolution d'une dissonance* est défendue entre n'importe quelles parties.

RÉSOLUTION NATURELLE

§ **347.**—La *résolution* d'un accord dissonant est *naturelle* lorsqu'elle a lieu sur un accord de la même tonalité permettant aux *notes à mouvement obligé* de se *résoudre* selon leur tendance.

ACCORD de SEPTIÈME de DOMINANTE

ÉTAT FONDAMENTAL

§ **348.**—De tous les accords dissonants naturels, *le plus usité* est l'accord de *septième de dominante*.

Cet accord est le *même* dans les *deux modes; sa place est* sur le *5ᵐᵉ degré*, comme l'indique son nom.

Il se compose, outre la dominante, note fondamentale, d'une *tierce majeure*, d'une *quinte juste* et d'une *septième mineure*. On le chiffre par ⁷₊ (La petite croix représente la tierce majeure *note sensible*.)

RÉSOLUTIONS NATURELLES
de l'Accord de Septième de Dominante

§ **349.**—La résolution *la plus naturelle* de l'accord de septième de dominante a lieu sur *l'accord parfait de la tonique* à l'état fondamental.

§ **350.**—On peut aussi *résoudre naturellement* l'accord de septième de dominante:

1° sur l'accord de *quarte-et-sixte* du 5ᵐᵉ et *même degré;*

2° sur *l'accord parfait du 6ᵐᵉ.*

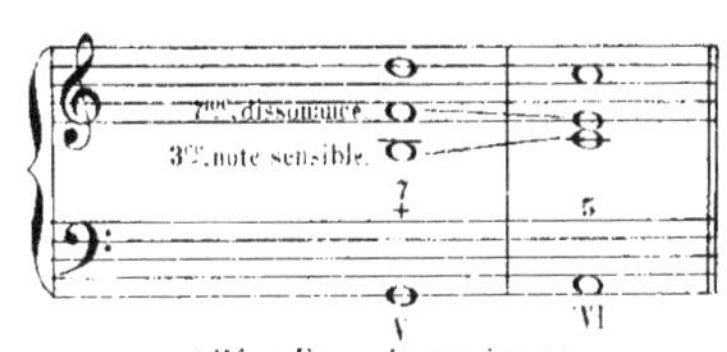

§ **351.**—Dans ces trois résolutions, *la note sensible,* tierce de la dominante, *doit monter à la tonique;* la septième comme *dissonance* doit *descendre d'un degré.*

§ **352.**—Les notes les *plus essentielles* de l'accord de septième de dominante sont: outre *la fondamentale, la tierce et la septième,* c'est-à-dire, les notes à mouvement obligé; on les désigne sous le nom de *bonnes notes de l'accord.*

Si donc, on veut *supprimer* une note de l'accord de septième de dominante, la *suppression* doit, généralement, porter sur la quinte.

RÉALISATION A QUATRE PARTIES
de l'Accord de Septième de Dominante

RÉSOLUTION SUR L'ACCORD PARFAIT DE LA TONIQUE

§ **353.**—Dans l'enchaînement à 4 parties de l'accord de *sep-tième de dominante* à *l'accord parfait de la tonique*, l'obligation de faire *monter* la *note sensible* et de faire *descendre* la *septiè-me* force à *supprimer la quinte de l'un* ou de *l'autre* accord; sans quoi, l'on aurait, inévitablement, *deux quintes consécutives* en-tre la *basse* et *l'une* des parties supérieures

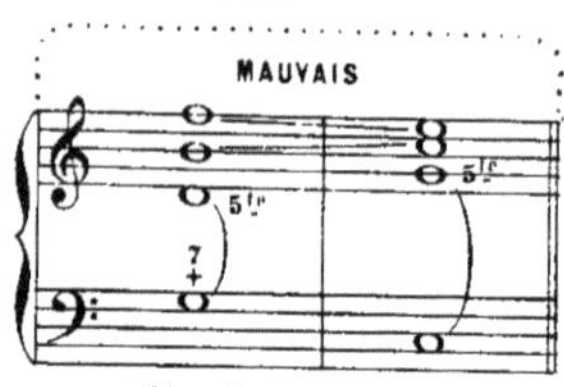

(Même Exemple en mineur)

§ **354.**—Il est généralement *préférable* de *retrancher* la *quinte* de l'accord de *dominante,* (§ 352) plutôt que celle de *l'ac-*cord de tonique. On *double* alors la basse du 1ᵉʳ accord: car il ne serait pas possible d'en doubler la *tierce* ni la *septième,* ces deux notes ayant une *résolution contraire.*

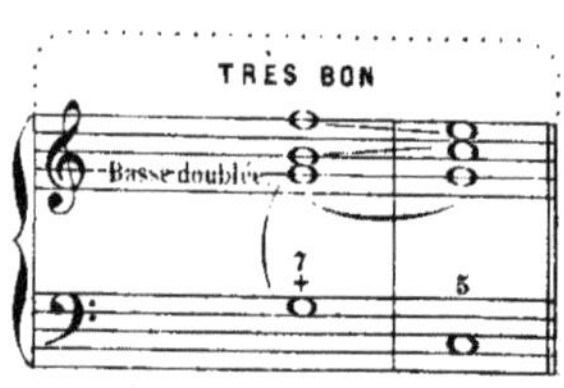

(Même Exemple en mineur)

§ **355.**—Si, par une raison quelconque, on veut avoir *complet* l'accord de 7ᵐᵉ de *domi-nante,* on se voit obligé de *supprimer* la *quinte* de *l'accord de tonique;* on *double* alors la *tierce* de ce 2ᵈ *accord,* ou, mieux encore, on en *tri-ple la basse.*

RÉSOLUTION SUR L'ACCORD PARFAIT DU 6ᵐᵉ DEGRÉ

§ **356.**—Dans l'enchaînement à 4 parties de l'accord de *septième de dominante* à *l'accord parfait du 6ᵐᵉ degré,* il n'y a pas lieu de retrancher la quinte ni de doubler la basse de l'un ou de l'autre accord. *Tous les deux* doivent être *complets;* l'accord du 6ᵐᵉ degré doit avoir la *tierce doublée.* (Cette tierce doublée est la tonique, degré de 1ᵉʳ ordre.)

(Même Exemple en mineur)

RÉSOLUTION sur l'ACCORD de QUARTE et SIXTE de la DOMINANTE

§ **357.**—Dans cet enchaînement, on peut, à volonté, *sup-primer ou non* la quinte de l'accord de septième; on en *double* la *basse,* si l'on fait la suppression de la quinte.

EXERCICES

Réaliser les accords suivants à 4 parties, en *variant les positions*. Désigner les *tons* employés.

ACCORD de QUINTE DIMINUÉE et SIXTE

PREMIER RENVERSEMENT DE L'ACCORD DE SEPTIÈME DE DOMINANTE

§ **358.**—Le *premier renversement* de l'accord de septième de dominante se fait sur le *septième degré* des deux modes.

Il se compose d'une *tierce mineure*, d'une *quinte diminuée* et d'une *sixte mineure*.

On l'appelle accord de *quinte diminuée et sixte*.

On le chiffre par $\frac{6}{5}$.

RÉSOLUTION NATURELLE de l'ACCORD de QUINTE DIMINUÉE et SIXTE

§ **359.**—Dans la résolution naturelle de cet accord, la *basse*, note sensible, doit *monter d'un demi-ton;* la *quinte diminuée*, dissonance, septième de la fondamentale, doit *descendre d'un degré.*

Cette double résolution amène, nécessairement, *l'accord parfait de la tonique* à l'état *fondamental.*

EXERCICES

Réaliser les accords suivants à 4 parties, en *variant les positions*. Désigner les *tons* employés.

ACCORD DE SIXTE SENSIBLE

DEUXIÈME RENVERSEMENT DE L'ACCORD DE SEPTIÈME DE DOMINANTE

§ 360.—Le *deuxième renversement* de l'accord de septième de dominante se fait sur le *2d degré* des deux modes.

Il se compose d'une *tierce mineure*, d'une *quarte juste* et d'une *sixte majeure*.

On l'appelle accord de *sixte sensible*.

On le chiffre par +6. (La petite croix placée devant le 6 indique que la sixte est la *note sensible*.)

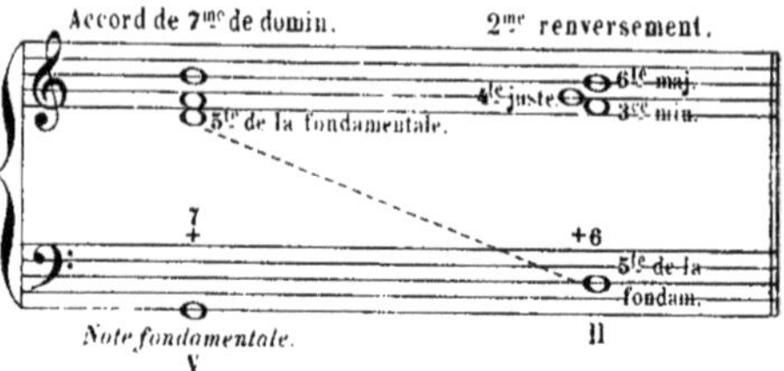

RÉSOLUTION NATURELLE de l'ACCORD de SIXTE SENSIBLE

§ 361.—Dans la résolution naturelle de l'accord de sixte sensible, *la tierce*(dissonance,comme septième de la fondamentale) *doit descendre* d'un degré; *la sixte* (note sensible) *doit monter d'un demi-ton*.

Cette *double résolution* conduit à l'accord *parfait de la tonique* à l'état *fondamental* ou à celui de *premier renversement*, (l'accord de sixte de la médiante)(enchaînement par quarte supérieure ou quinte inférieure.)

Comme dans le second renversement d'un accord parfait, il est bon de préparer et de sauver la quarte de l'accord de sixte sensible, chaque fois que cela se peut.

EXERCICES

Réaliser les accords suivants à quatre parties, en *variant les positions*.

Désigner les *tons* employés.

ACCORD DE TRITON

TROISIÈME RENVERSEMENT DE L'ACCORD DE SEPTIÈME DE DOMINANTE

§ 362. — Le *troisième renversement* de l'accord de septième de dominante se fait sur le *4me degré* des deux modes.

Il se compose d'une *seconde majeure*, d'une *quarte augmentée* et d'une *sixte majeure*.

On l'appelle accord de *triton*, à cause de sa *quarte augmentée*, intervalle de *trois tons*.

On le chiffre par +4. (La petite croix placée devant le 4 indique que la quarte de cet accord est la *note sensible*.)

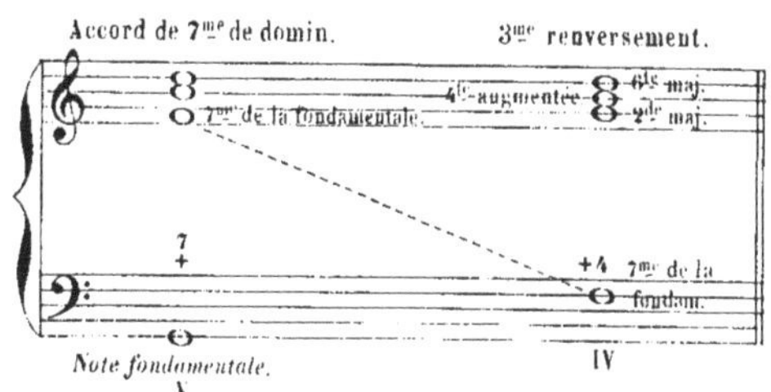

RÉSOLUTION NATURELLE de l'ACCORD de TRITON

§ 363. — Dans la résolution naturelle de cet accord, *la basse (dissonance* comme septième de la fondamentale) *doit descendre* d'un degré; la *4te augmentée*, note sensible, doit *monter à la tonique*.

Cette *double résolution* amène l'accord de *sixte de la médiante*. (1er renversement de l'accord de tonique.)

EXERCICES

Réaliser les accords suivants à quatre parties en *variant les positions*.

Indiquer les *tons* employés.

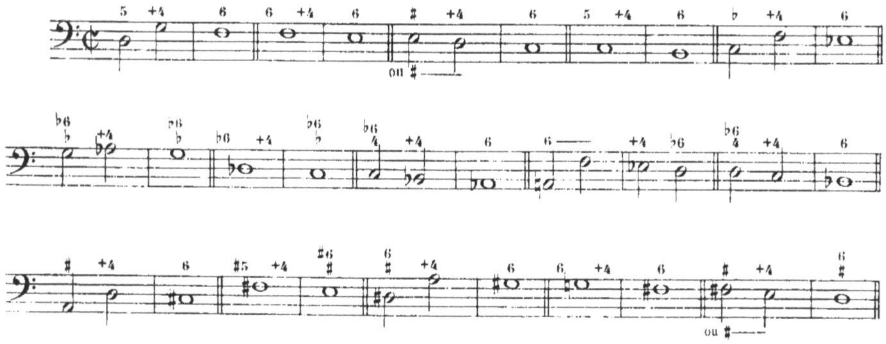

EMPLOI de l'ACCORD de SEPTIÈME de DOMINANTE
et de ses renversements en résolution naturelle
sur la basse donnée

ACCORD FONDAMENTAL.

§ 364.—L'accord de *septième de dominante* en *résolution naturelle* trouve son emploi, sur le *5ᵐᵉ degré* des deux modes, dans les cas suivants:

1º Lorsque la *dominante*, placée à la *basse*, y est suivie de la *tonique*;

2º Lorsque la *dominante* monte d'un degré à la *sus-dominante*.

Dans ces deux cas, l'accord de septième fait sa *résolution* sur un *accord parfait* à l'état *fondamental*.

3º Enfin, on peut placer cet accord de septième sur une *tenue* de la *dominante*, avec résolution sur l'accord de *quarte et sixte* du même degré.

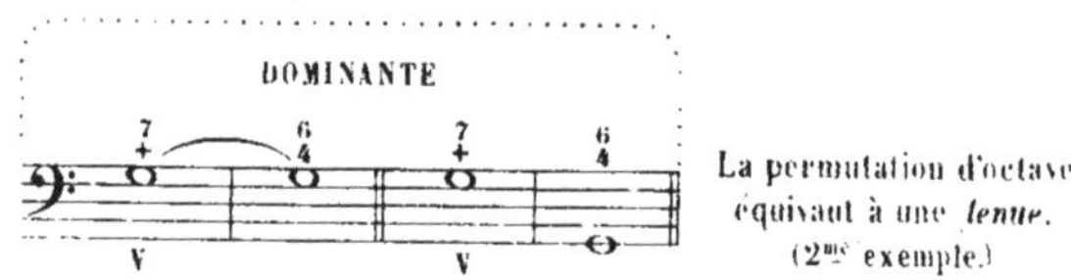

La permutation d'octave
équivaut à une *tenue*.
(2ᵐᵉ exemple.)

PREMIER RENVERSEMENT

§ 365.—L'accord de *quinte diminuée et sixte* en *résolution naturelle* s'emploie, dans les deux modes, sur le *7ᵐᵉ degré* montant à la *tonique*, laquelle porte, nécessairement, *l'accord parfait*.

DEUXIÈME RENVERSEMENT

§ 366.—L'accord de *sixte sensible* est surtout d'un bon effet lorsqu'on en *prépare* la *basse* ou la *quarte*.

Il s'emploie, dans les deux modes, sur le *2ᵈ degré* descendant au *1ᵉʳ* ou montant au *3ᵐᵉ*.

Le *1ᵉʳ degré* porte, alors, l'accord *parfait*; le *3ᵐᵉ degré*, l'accord de *sixte*.

Dans ces deux cas, la quarte se trouve *sauvée*.

TROISIÈME RENVERSEMENT

§ 367.—L'*accord de triton* en *résolution naturelle* trouve son emploi, dans les deux modes, sur le *4ᵐᵉ degré* descendant au *3ᵐᵉ*, lequel porte, forcément, l'*accord de sixte*.

(L'accord de triton est d'un mauvais effet lorsqu'il suit immédiatement l'accord parfait du 6ᵐᵉ degré. Cela tient, sans doute, à l'absence de toute note commune entre ces deux accords.)

De l'ACCORD de SEPTIÈME de DOMINANTE dans les CADENCES

§ 368.—L'accord de *septième de dominante* à l'état *fondamental* est fort usité dans les *cadences*.

Sa résolution sur l'*accord parfait* de la *tonique* produit la *cadence parfaite*.

Celle qui a lieu sur l'*accord parfait* du 6ᵐᵉ *degré* produit la *cadence rompue*.

La *cadence* à la *dominante* se fait quelquefois par un *repos* sur l'*accord de septième*. (Après un tel repos, on peut parfois *se dispenser* de faire monter la tierce de l'accord de septième.)

§ 369.—Les *renversements* de l'accord de *septième de dominante* ne peuvent produire que des cadences *imparfaites* ou des *cadences évitées*.

Les *formules de cadence imparfaite* B.D. sont fort usitées dans les *cadences suspendues*.

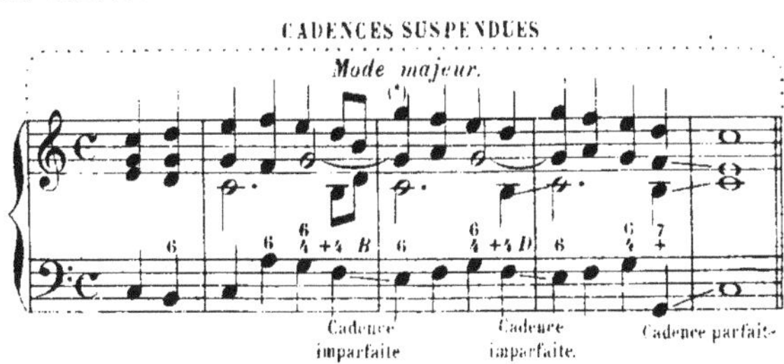

(*) *Note sensible* montant d'une *sixte : licence* permise dans la *cadence imparfaite*.

Chiffrer les *basses données* suivantes, en ayant le soin d'employer à propos l'accord de *septième de dominante* et ses *trois renversements* en *résolution naturelle*.

Après vérification des chiffres, *réaliser* ces leçons à *quatre parties*.

LEÇONS UNITONIQUES

MODULATIONS AUX TONS VOISINS
effectuées au moyen de l'accord de Septième de Dominante et de ses renversements en résolution naturelle

§ **370.**—Nous avons dit (§ **271**) que, parmi les *accords de trois sons*, les plus favorables pour *moduler* aux *tons voisins* étaient l'*accord parfait* du 5me degré et l'accord de *quinte diminuée* du 7me.

On conçoit, dès lors, que l'accord de *septième de dominante,* qui les contient à la fois *tous les deux,* soit plus puissant encore pour opérer ce genre de modulation.

Chiffrer la *basse donnée* suivante, en ayant le soin d'employer l'accord de *septième de dominante, fondamental* ou *renversé,* pour opérer les diverses *modulations* qu'elle contient.

Après vérification des chiffres, *réaliser* cette leçon à *quatre parties*.

MODULATIONS AUX TONS ÉLOIGNÉS
effectuées au moyen de l'accord de Septième de Dominante
et de ses renversements en résolution naturelle.

§ **371.** — On a vu (§ 294) comment, au moyen de *modulations successives* entre tous voisins poursuivies *dans une même direction* (relativement aux rapports des tonalités) on peut toujours parvenir aux tons *les plus éloignés.*

L'accord de *septième de dominante,* fondamental ou renversé, est des plus favorables à ce système de modulation.

EXERCICE

Chiffrer la *basse donnée* suivante, en ayant le soin d'employer l'accord de *septième de dominante, fondamental* ou *renversé,* pour opérer les diverses *modulations* qu'elle contient.

Après vérification des chiffres, *réaliser* cette leçon à *quatre parties.*

MARCHES D'HARMONIE
avec emploi de l'accord de Septième de Dominante
et de ses renversements en résolution naturelle

Ces marches sont nécessairement *modulantes.*

Leur sont applicables, toutes les règles énoncées aux §§ **191** et suivants, **294** et suivants.

EXERCICES

Achever celles des marches suivantes qui ne sont que commencées, de manière à ce qu'elles aient sept ou huit mesures chacune; puis, les réaliser toutes, avec le *nombre de parties indiqué* et dans les *positions désignées.*

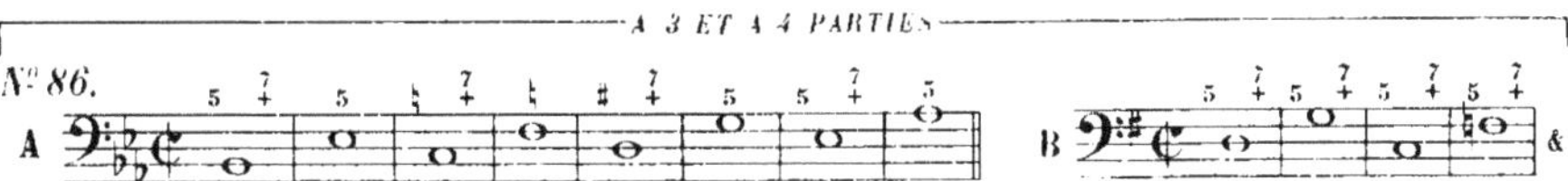

A QUATRE PARTIES

(Position serrée et position large.)

C 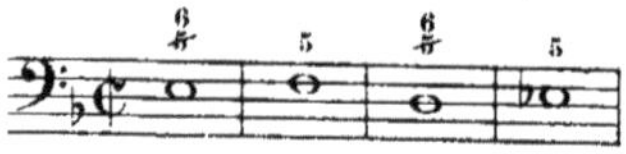 &

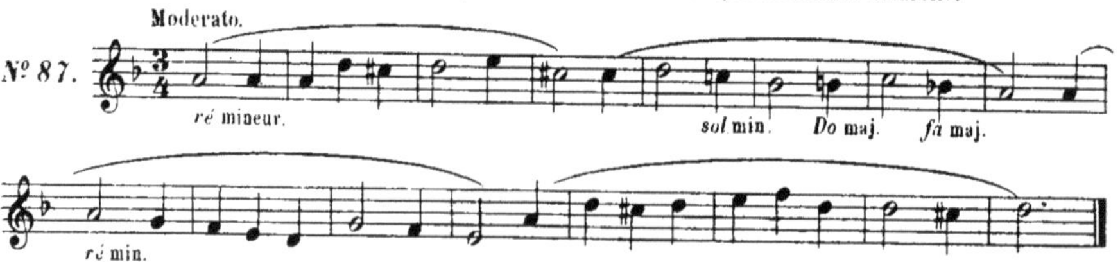

(Position serrée.)

D 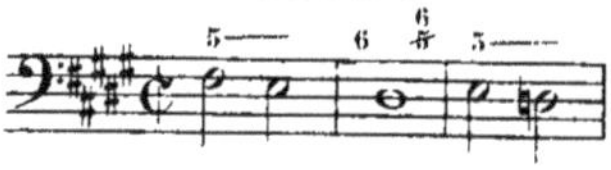 &

(Position large.)

D^bis 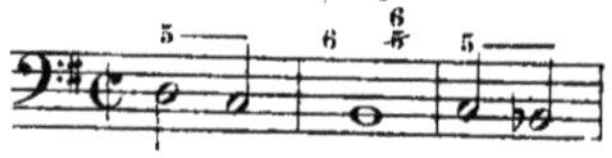 &

(Position serrée.)

E 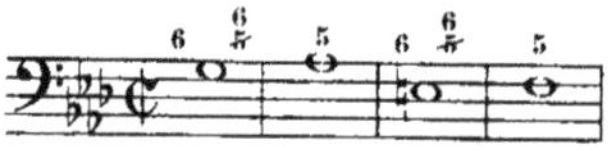 &

(Position large.)

E^bis 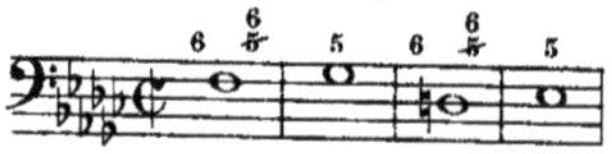 &

Ecrire la marche ci-dessous *sans symétrie* en gardant toutes les notes communes.

F 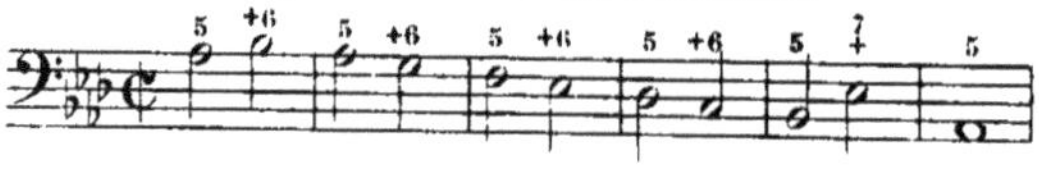 &

Ecrire celle-ci *avec symétrie.*

F^bis 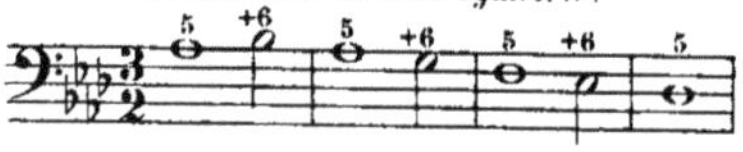 &

A 3 ET A 4 PARTIES

G 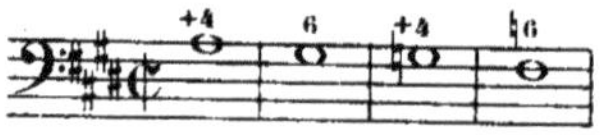 &

A QUATRE PARTIES

(Position serrée et position large.)

H 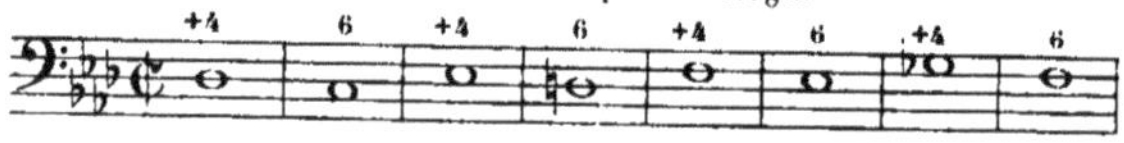 &

(Position serrée.)

I 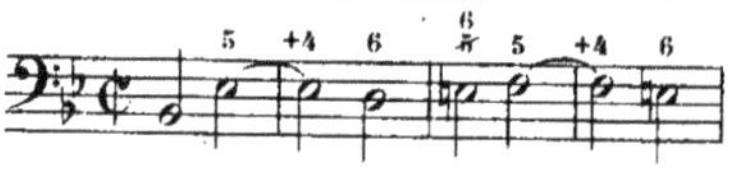 &

(Position serrée et position large.)

J 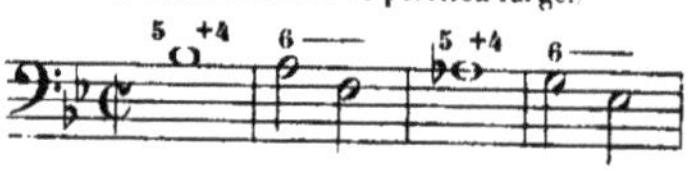 &

CHANT DONNÉ

EXERCICE

Trouver la *basse* et l'*harmonie* du chant donné suivant, en ayant soin d'employer à propos, et de préférence à tout autre, l'accord de *septième de dominante,* fondamental ou renversé, en résolution naturelle.

Moderato.

Nº 87.

ACCORDS BRISÉS

CHANGEMENTS de POSITION et ÉCHANGES de NOTES

§ **372.**— On peut *changer la position* d'un accord de *septième de dominante, fondamental* ou *renversé*, pendant sa durée.

On n'a égard qu'à la *dernière position* de l'accord, pour la *résolution* des notes à *mouvement obligé*. (*)

Relativement aux *changements de position* de la *basse*, aux *échanges de notes* etc., consulter les §§ **141** à **153**.

§ **373.**— En principe, les *notes à mouvement obligé* ne doivent pas se trouver *doublées* par le fait d'un *changement de position*, à moins que cela n'ait lieu en *valeur très brève* sur la *partie faible* d'un temps. Encore faut-il que ce *redoublement* ne constitue pas la *dernière position* de l'accord.

EXERCICE

Réaliser la leçon suivante à *quatre parties*.

LEÇON EN ACCORDS BRISÉS

(*) *Toutes les notes* à mouvement obligé doivent finir par *se résoudre* dans une partie ou dans une autre.

ÉCHANGES DE NOTES AVEC NOTES DE PASSAGE

§ **374.**—Les *échanges de notes* se font souvent avec addition de *notes de passage,* lesquelles servent à *relier,* par *degrés conjoints,* les *notes essentielles* à distance de *tierce.* Il est à remarquer que la *note de passage* est toujours *la même* aux deux parties qui font ces *échanges.*

EXERCICE

Réaliser la leçon suivante à *quatre parties.*

ÉCHANGES DE NOTES AVEC NOTES DE PASSAGE

RÉSOLUTION EXCEPTIONNELLE
des accords dissonants

§ **375.**—La *résolution* d'un accord dissonant est *exceptionnelle* ou *évitée* lorsqu'elle a lieu sur un accord *qui ne permet pas* aux notes à mouvement obligé de se résoudre selon leur tendance.

ACCORDS DISSONANTS NATURELS
en résolution exceptionnelle

§ **376.**—Dans les accords *dissonants naturels* en *résolution exceptionnelle, deux notes* à mouvement obligé peuvent être, à la fois, *détournées* de leur *résolution normale;* mais, le plus souvent, l'*exception* n'atteint qu'*une seule* de ces notes.

§ **377.**—Dans ces accords, toute note à mouvement obligé qui ne peut se résoudre selon sa tendance, doit: ou *rester immobile,* lorsqu'elle fait partie de l'accord suivant (cela s'appelle une *non-résolution*); ou *procéder par demi-ton,* si l'accord de résolution le permet; ou tout au moins, dans le cas contraire, *ne pas franchir un espace plus grand* que la *seconde majeure.*

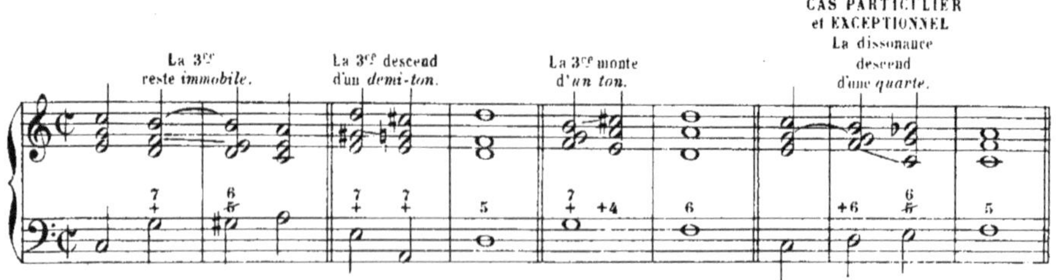

RÉSOLUTIONS EXCEPTIONNELLES
de l'accord de 7me de Dominante et de ses renversements

§ **378.** — A part l'enchaînement de l'accord de *septième de dominante* fondamental à *l'accord de sixte* du *6me* degré, lequel fournit une *cadence rompue*, d'ailleurs peu usitée, toutes les *résolutions exceptionnelles* de l'accord de septième de dominante et de ses renversements sont *modulantes* et peuvent produire des *cadences évitées*.

§ **379.** — Ce n'est pas seulement dans les *cadences évitées* ou *rompues* que l'on emploie l'accord de *septième de dominante* et ses renversements en *résolution exceptionnelle;* on s'en sert également dans le *corps d'une phrase,* où ils forment des *modulations,* tantôt *passagères,* tantôt *définitives.*

Ces enchaînements d'accords sont aussi usités dans les *gammes* ou *fragments de gammes chromatiques* ainsi que dans les *marches modulantes*.

ENCHAÎNEMENT
de deux Accords de Septième de Dominante
(par quarte supérieure ou quinte inférieure)

§ 380.—En enchaînant, à quatre parties, *deux accords de septième de dominante* fondamentaux par quarte supérieure ou quinte inférieure, on est obligé de *supprimer* la *quinte* de l'un ou l'autre de ces deux accords et d'en *doubler* la *basse*.

Par conséquent, si, dans une *série* d'accords de septième de dominante à quatre parties, le *premier accord* est *complet*, le *deuxième* sera *sans quinte*, mais avec *basse doublée;* le *troisième* sera *complet*, le *quatrième incomplet*, etc... et vice versa si l'on débute par un accord de septième sans *quinte*.

EXERCICES

Les enchaînements d'accords suivants doivent être réalisés à *quatre parties*, sauf *indication contraire*.

ACCORDS de SEPTIÈME de SENSIBLE
et de Septième diminuée

ÉTAT FONDAMENTAL

§ **381.**—L'accord de *septième de sensible* se fait sur le 7me degré du mode majeur.

Il se compose

de tierce mineure, quinte diminuée et *septième min.*

On le chiffre par $\frac{7}{5}$

§ **382.**—L'accord de *septième diminuée* se fait sur le 7me degré du mode mineur.

Il se compose

de tierce mineure, quinte diminuée et *septième dim.*

On le chiffre par 7

RÉSOLUTION NATURELLE
des Accords de Septième de Sensible et de Septième diminuée

§ **383.**—La *résolution naturelle* de ces *deux accords* a lieu sur l'*accord parfait de la tonique* à l'état fondamental.

Dans cette résolution, la *note sensible* (basse de l'accord) *monte* à la tonique: la *quinte* et la *septième* doivent *descendre* d'un degré.

(*) Cet accord est, en réalité, la *septième de sensible du mode mineur*, on ne lui donne la dénomination d'accord de *septième diminuée* que pour le distinguer de celui du mode majeur.

Il nous arrivera de désigner ces deux accords sous la dénomination collective de: *accords de septième de sensible.*

§ **384.**—On peut faire la *résolution anti-cipée* de la septième; on se trouve alors avec *l'accord de quinte diminuée et sixte;* la résolu-tion de la note sensible et de sa quinte diminuée se fait ensuite. On peut chiffrer ainsi ces deux accords dans le *mode majeur:* $\frac{7}{5}\frac{6}{}$. Pris dans le *sens inverse,* on peut les chiffrer: $\frac{6}{5}\frac{7}{}$.

PRÉPARATION DE LA DISSONANCE
dans l'Accord de Septième de Sensible

§ **385.**—On sait déjà (§ 343) que dans les *accords dissonants naturels* la dissonance peut se passer d'une préparation.

Néanmoins. l'accord de *septième de sensible* du *mode majeur* est parfois *assez dur* quand on l'attaque sans préparation. C'est pourquoi il est bon d'en *prépa-rer,* autant que possible, ou la *basse,* ou la *septième;* **celle-ci surtout.**

7ᵐᵉ DE SENSIBLE SANS PRÉPARATION
Dispositions les meilleures.

§ **386.**—Quand cet accord est fait *sans préparation,* les meilleures dis-positions sont celles où la *septième* occupe la *partie supérieure.*

Mais, lorsqu'elle est *préparée, cette note* peut convenir aux *parties inter-médiaires.*

DISPOSITION DE L'ACCORD DE SEPTIÈME DIMINUÉE

§ **387.**—L'accord de *septième diminuée* peut toujours être *attaqué* sans aucune préparation, dans quelque position que l'on soit.

RÉALISATION A 3 ET A 4 PARTIES
des Accords de 7ᵐᵉ de Sensible et de 7ᵐᵉ diminuée à l'état fondamental

§ **388.**—Les *bonnes notes* de ces accords étant la *basse,* la *quinte* et la *septième,* c'est la *tierce* que l'on en *retranche,* ordinairement, quand on ne veut que *3 parties.*

A *4 parties,* il n'y a pas lieu d'en supprimer ni d'en doubler aucune note.

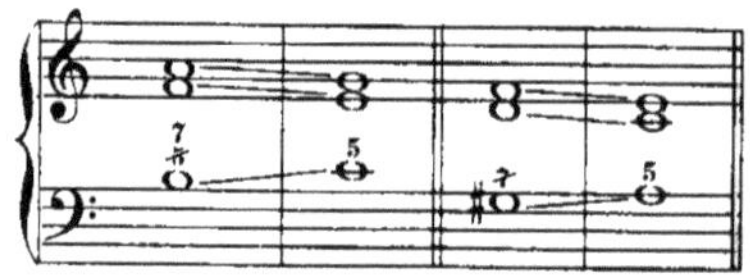

EXERCICE

Réaliser les *groupes d'accords* suivants à *trois* et à *quatre* parties, tantôt en position *serrée,* tantôt en position *large;* et désigner la *tonalité* à laquelle appartient chaque groupe.

ACCORDS DE QUINTE ET SIXTE SENSIBLE

1ᵉʳ RENVERSEMENT des ACCORDS de 7ᵐᵉ de SENSIBLE et de 7ᵐᵉ DIMINUÉE

§ 389.—Le *premier renversement* des accords de septième de sensible et de septième diminuée se fait sur le *2ᵐᵉ degré*, *l'un* en *majeur*, *l'autre* en *mineur*.

<table>
<tr><td>

En mode majeur,
cet accord se compose:
de tierce mineure, *quinte juste* et sixte majeure.
On l'appelle:

ACCORD de QUINTE et SIXTE SENSIBLE
On le chiffre par +6⁄5 ou ⁵⁄+6

</td><td>

En mode mineur,
cet accord se compose:
de tierce mineure, *quinte diminuée* et sixte majeure.
On l'appelle:

ACCORD de QUINTE DIMINUÉE et SIXTE SENSIBLE
On le chiffre par +6⁄5̷

</td></tr>
</table>

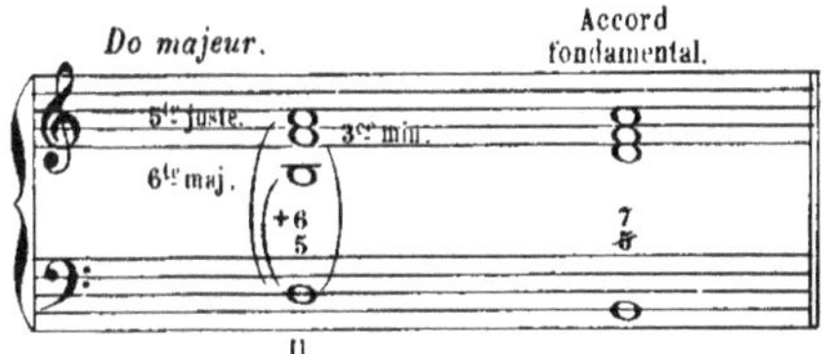

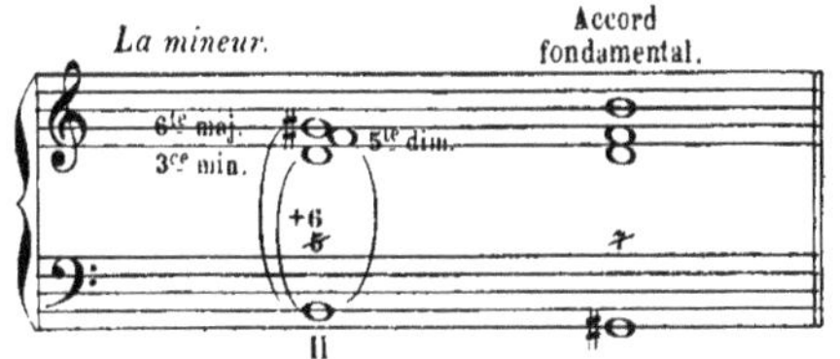

DISPOSITION de l'ACCORD de QUINTE et SIXTE SENSIBLE

(mode majeur)

§ 390.—La *quinte* de cet accord (la dissonance) convient surtout à la *partie supérieure;* elle doit, en tout cas, être placée *au-dessus de la sixte* de manière à former avec celle-ci un *intervalle de septième.*

§ 391.—Comme son accord fondamental, ce premier renversement n'a besoin d'*aucune préparation;* néanmoins, il produit un bien meilleur effet lorsqu'on en *prépare* la *quinte* ou la *sixte*.

DISPOSITION de l'ACCORD de QUINTE DIMINUÉE et SIXTE SENSIBLE

§ 392.—Cet accord est bon *dans toutes les positions* et n'a jamais besoin de préparation.

SUPPRESSION et REDOUBLEMENT de NOTES

§ 393.—Il n'y a jamais lieu de *supprimer* ni de *doubler* aucune note des accords *de quinte et sixte sensible* dans l'écriture à *quatre parties.*

Pour les écrire à *trois parties* (ce qui se fait rarement, surtout en majeur), il faudrait en *retrancher la tierce.*

RÉSOLUTION NATURELLE
des Accords de Quinte et Sixte sensible des deux modes

§ **394.**—Dans la *résolution naturelle* de ces accords, la *tierce* et la *quinte* doivent *descendre* d'un degré, la *sixte* (note sensible) doit *monter* à la *tonique*.

Cette *triple résolution* des notes à mouvement obligé conduit à l'*accord de sixte* de la *médiante* ou à l'*accord parfait* de la *tonique:* Celui-ci n'est possible qu'à la *condition expresse* d'avoir fait, préalablement, la *résolution anticipée* de la *quinte* (*) sans quoi l'on aurait *deux quintes consécutives* avec la *basse*.

ACCORDS de 5te et 6te SENSIBLE des DEUX MODES en RÉSOLUTION NATURELLE

EXERCICE

Réaliser les *groupes d'accords* suivants à quatre parties, tantôt en position *serrée*, tantôt en position *large*.
Désigner la tonalité à laquelle appartient chaque groupe.

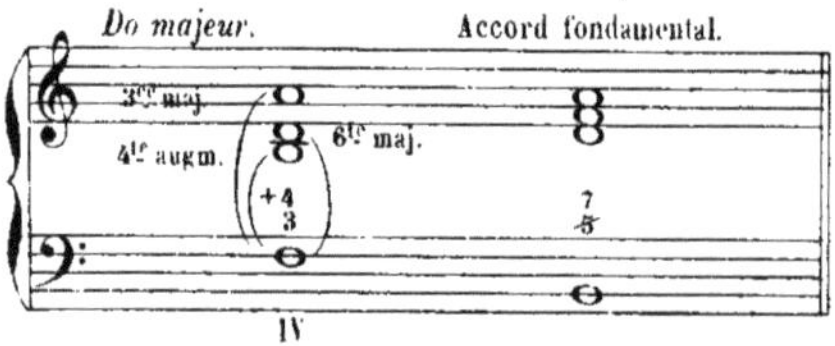

ACCORDS DE TRITON ET TIERCE
majeure ou mineure

2me RENVERSEMENT des ACCORDS de 7me de SENSIBLE et de 7me DIMINUÉE

§ **395.**—Le *deuxième renversement* des accords de *septième de sensible* et de *septième diminuée* se fait sur le *4me degré*, l'un en *majeur*, l'autre en *mineur*.

En mode majeur,	**En mode mineur,**
cet accord se compose :	cet accord se compose :
de tierce majeure, *quarte augmentée* et sixte majeure.	de tierce mineure, *quarte augmentée* et sixte majeure.
On l'appelle:	On l'appelle:
ACCORD de TRITON et TIERCE MAJEURE	ACCORD de TRITON et TIERCE MINEURE

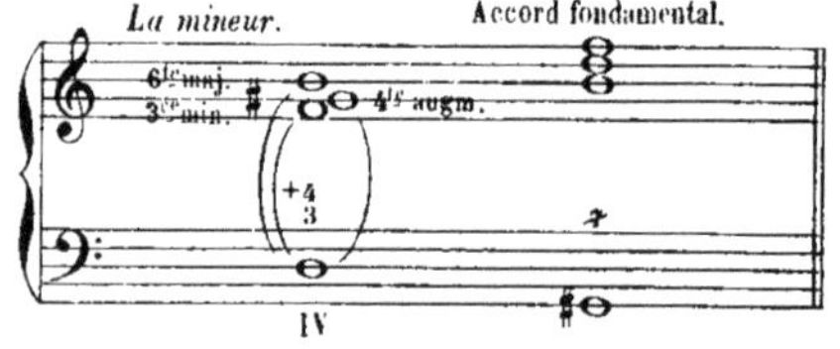

(*) Cette *résolution anticipée* de la quinte sur la quarte produit l'accord de *sixte sensible*, 2me renversement de la septième de dominante. On peut chiffrer ainsi ces deux accords. Pris dans le *sens inverse*, on peut les chiffrer.

DISPOSITION de l'ACCORD de TRITON et TIERCE MAJEURE

§ 396.—La *tierce* de cet accord (la dissonance) convient surtout à la *partie supérieure;*
et, en tout cas, elle doit être placée *au-dessus
de la quarte,* de manière à former avec celle-ci
un *intervalle de septième.*

§ 397.—L'accord de *triton et tierce majeure*
n'a besoin d'*aucune préparation.* Il est même plus
doux que les autres renversements de la septième
de sensible et peut s'employer avec moins de
précautions.

Pourtant, il est mieux d'en *préparer* la *tierce*
ou la *quarte* lorsque cela se peut.

§ 398.—Quant à l'accord de *triton* et *tierce mineure,* il est bon dans *toutes les positions* et n'a
jamais besoin de *préparation.*

REDOUBLEMENT ET SUPPRESSION DE NOTES

§ 399.—On ne *double rien,* on ne *supprime rien* de ces accords dans l'écriture à 4 parties.
A 3 parties, c'est la *sixte* qu'il en faut *retrancher.*

RÉSOLUTION NATURELLE
des Accords de triton et tierce des deux modes

§ 400.—Dans la *résolution naturelle*
de ces accords, la *basse* et la *tierce* doivent
descendre d'un degré, la *quarte augmentée*
(note sensible) doit *monter* à la *tonique.*

Cette *triple résolution* des notes à mouvement obligé amène l'accord de *sixte* de la
médiante.

Dans les accords de *triton* et *tierce,* on peut
faire la *résolution anticipée* de la *tierce.* (*)

EXERCICE

Réaliser les *groupes d'accords* suivants à *trois* et à *quatre* parties, tantôt en position *serrée,* tantôt en position *large.*—Désigner la *tonalité* à laquelle appartient chaque groupe.

(*) Cette *résolution anticipée* de la tierce sur la seconde produit l'accord de *triton,* 3me renversement de la septième de dominante. On
peut chiffrer ainsi ces deux accords: +4— ou 3 2 . Pris dans le *sens inverse,* on peut les chiffrer, +4— ou +4—3.

ACCORDS de SECONDE SENSIBLE et de SECONDE AUGMENTÉE

3me RENVERSEMENT des ACCORDS de 7me de SENSIBLE et de 7me DIMINUÉE

§ 401.—Le *troisième renversement* des accords de *septième de sensible* et de *septième diminuée* se fait sur le 6me *degré, l'un en majeur, l'autre en mineur.*

En mode majeur,	**En mode mineur,**
cet accord se compose:	cet accord se compose:
de seconde majeure, *quarte juste* et sixte mineure.	de seconde augmentée, *quarte augmentée* et sixte majeure.
On l'appelle:	On l'appelle:
ACCORD de SECONDE SENSIBLE	ACCORD de SECONDE AUGMENTÉE
On le chiffre par $+\frac{4}{2}$	On le chiffre par +2

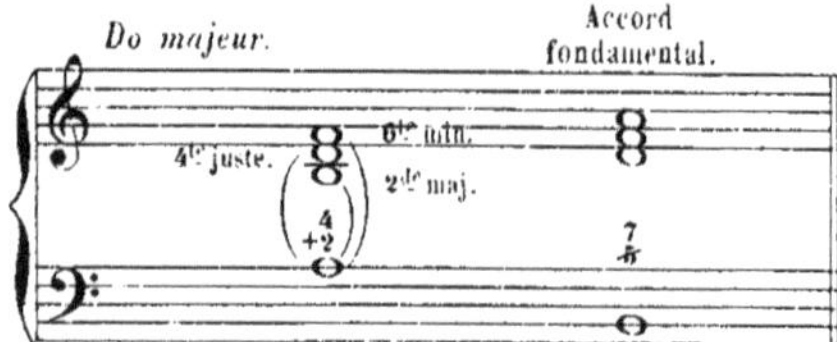

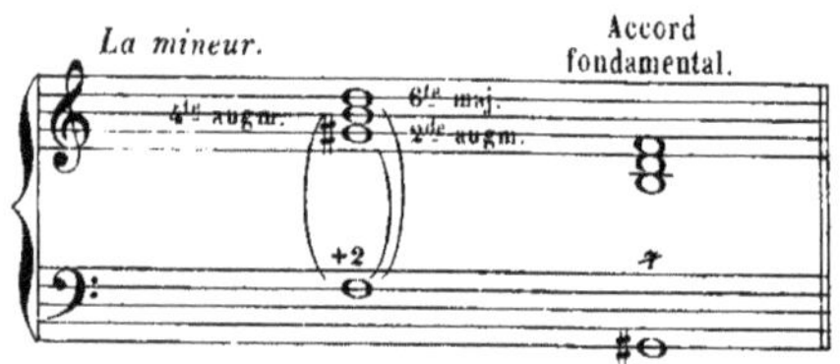

DISPOSITION de l'ACCORD de SECONDE SENSIBLE
(mode majeur)
Préparation de la dissonance

§ 402.—Dans ce *troisième renversement* de l'accord de *septième de sensible*, la *fondamentale* est, nécessairement, placée *au-dessus de la dissonance* qui se trouve à la basse; elle forme, avec celle-ci, un intervalle de *seconde majeure* simple ou redoublé.

On ne peut donc pas disposer ces deux notes en *septième*, comme on le fait dans les deux premiers renversements, et ainsi que cela a lieu, tout naturellement, dans l'accord fondamental.

Aussi, ne doit-on employer cet accord de *seconde sensible* qu'après en avoir *préparé la basse* qui est la *dissonance.*

§ 403.—La note qui sert de *préparation* à une *dissonance* doit être d'une *valeur au moins égale* à celle de la dissonance.

§ 404.—Quant à l'accord de *seconde augmentée,* il n'a besoin d'*aucune préparation.*

REDOUBLEMENT ET SUPPRESSION DE NOTES

§ 405.—On ne *double rien,* on ne *supprime rien* de ces accords dans l'écriture à *4 parties.* A *3 parties,* c'est la *quarte* ou la *sixte* qu'on en doit *retrancher.*

RÉSOLUTION NATURELLE
des Accords de Seconde sensible et de Seconde augmentée

§ 406.—Dans la *résolution naturelle* de ces accords, la *basse* et la *sixte* doivent *descendre* d'un degré, la *seconde* (note sensible) doit *monter* à la *tonique*.

Cette *triple résolution* des notes à mouvement obligé amène l'accord de *quarte et sixte* de la *dominante*.

Bien que cette *résolution* soit logiquement la plus naturelle, *elle est loin d'être la plus usitée*.

§ 407.—La *résolution anticipée* de la *basse* (dissonance de l'accord) est ce qu'il y a de *plus usité* comme *résolution naturelle* des accords de *seconde sensible* et de *seconde augmentée*.

On passe alors par l'accord de *septième de dominante* (*) ou par l'accord *parfait* de ce même degré (*le 5me*) avant d'arriver à l'accord de tonique ou à tout autre accord pouvant succéder à celui de la dominante.

§ 408.—Dans cet enchaînement des accords de *2de sensible* ou de *2de augmentée* à l'accord fondamental de la dominante, la *sixte* du 1er accord peut *monter* d'un degré sur l'octave du 2d.

EXERCICE

Réaliser les accords suivants à *trois* et à *quatre parties*, tantôt en position *serrée* tantôt en position *large*. Désigner la *tonalité* à laquelle appartient chaque groupe d'accords.

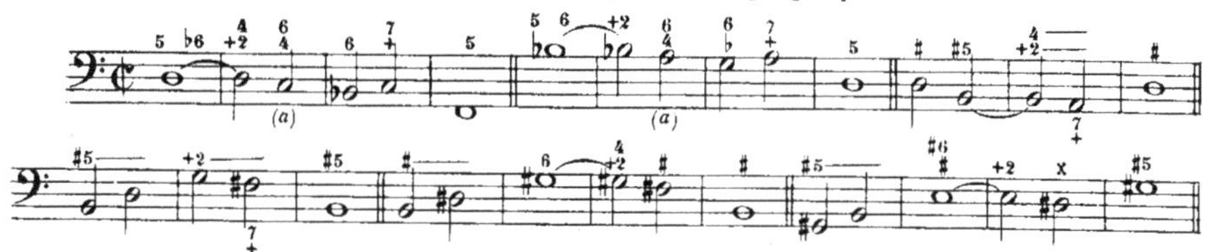

EMPLOI
des Accords de Septième de sensible
et de leurs renversements dans les deux modes

§ 409.—Les accords de *septième de sensible* et *leurs renversements* ne sont, en quelque sorte, que comme *substitués* à *l'accord de septième de dominante* fondamental ou renversé.

En conséquence, peuvent porter, *selon le mode:*

Le *7me* degré: l'un des accords de *septième de sensible*, au lieu et place de l'accord de *quinte diminuée et sixte*.

Le *2me* degré: l'un des accords de *quinte et sixte sensible*, au lieu et place de l'accord de *sixte sensible*.

Le *4me* degré: l'un des accords de *triton et tierce*, au lieu et place de l'accord de *triton*.

Enfin, le *6me* degré descendant au *5me*, peut porter, *selon le mode:* l'accord de *seconde sensible* (avec *préparation* de la basse) ou l'accord de *seconde augmentée*, l'un et l'autre *tenant lieu*, au moins momentanément, de l'accord de *septième de dominante* sur lequel ils se résolvent le plus souvent.

(*) On peut chiffrer ainsi: $\frac{4-}{+2-}$ ou +2—l'accord de *seconde sensible*, ou de *seconde augmentée*, et celui de *septième de dominante* qui leur succède.

(a) Remarquer que l'accord de *quarte et sixte* qui sert de résolution à ces accords de seconde n'est jamais qu'un *accord de passage*.

EXERCICE

Chiffrer les deux leçons suivantes, en ayant le soin d'employer à propos l'accord de *septième de sensible*, l'accord de *septième diminuée*, et les *trois renversements* de ces accords. — Les *réaliser* ensuite à *quatre parties*.

MODULATIONS AUX TONS VOISINS
effectuées au moyen de l'Accord de Septième de Sensible, de l'Accord de Septième diminuée, et des renversements de ces accords en résolution naturelle

§ **410.** — On peut, pour *moduler aux tons voisins*, substituer à l'accord de *septième de dominante* fondamental ou renversé, l'accord de *septième de sensible* ou l'un de ses renversements pour atteindre une *tonalité majeure*; l'accord de *septième diminuée* ou l'un de ses renversements pour atteindre une *tonalité mineure*.

§ **411.** — L'accord de *septième diminuée* est souvent employé *au lieu et place* de l'accord de *septième de sensible* du mode majeur, soit pour *moduler*, soit qu'on ne module pas.

Le *mode mineur* ne pourrait emprunter au *mode majeur* sa *septième de sensible* sans une *grande dureté*.

EXERCICE

Chiffrer la *basse donnée* suivante, en ayant le soin d'employer, autant que possible, les accords de *septième de sensible* ou de *septième diminuée* à l'état fondamental ou renversé, pour *opérer* les diverses *modulations* qu'elle contient.
Après vérification des chiffres, *réaliser* ces leçons à *quatre parties*.

MODULATIONS ENTRE TONS VOISINS

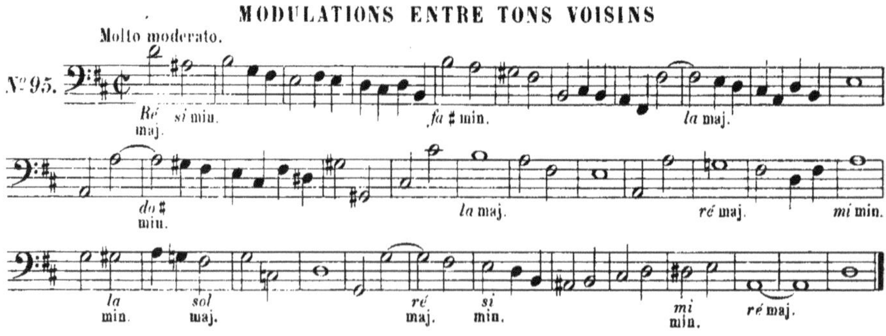

MODULATIONS AUX TONS ÉLOIGNÉS

§ 412.—Pour parvenir à des *tonalités éloignées* au moyen de l'accord de *7me de sensible* ou de ses renversements, on a recours, le plus souvent, à des *modulations successives* entre *tons voisins majeurs* poursuivies dans une *même direction:* c'est-à-dire qu'on passe par toutes les *tonalités majeures intermédiaires.*

§ 413.—L'accord de *7me diminuée,* fondamental ou renversé, se prête on ne peut mieux à ce genre de *modulation,* lorsqu'on veut passer par les *tonalités mineures intermédiaires.*

§ 414.—Les *deux modes* peuvent être employés *alternativement* pour opérer ces mêmes modulations.

EXERCICES

Achever celles des marches suivantes qui ne sont que *commencées,* de manière à ce qu'elles aient *huit mesures* chacune, y compris la *formule de cadence* par laquelle on peut les terminer.

Puis, les réaliser à *quatre parties.*

CHANGEMENTS DE POSITION
et échanges de notes

§ **415.**—Les règles énoncées aux §§ **137** et suivants ainsi que celles des §§ **372** et **373** sont applicables aux accords de *septième de sensible* des *deux modes* et à leurs *renversements*, en y ajoutant, toutefois, les restrictions suivantes:

§ **416.**—En pratiquant des *changements de position* entre l'accord de *septième de sensible* du mode *majeur* et l'un de ses *renversements*, ou pendant la durée de *ceux-ci*, la *fondamentale* et sa *septième* ne doivent jamais se trouver en rapport de *seconde* simple ou redoublée, à moins que cette *septième de la fondamentale* ne soit *préparée*.

CHANGEMENTS DE POSITION
dans l'accord de septième de sensible et ses renversements.

EXERCICES
Chiffrer et réaliser les leçons suivantes à *quatre parties*.

CHANGEMENTS DE POSITION ET ÉCHANGES DE NOTES

N° 98.

ÉCHANGES DE NOTES AVEC NOTES DE PASSAGE

RÉSOLUTIONS EXCEPTIONNELLES
des Accords de Septième de Sensible, de Septième diminuée
et de leurs renversements

EXERCICE

Réaliser les marches suivantes à *4 parties* après avoir revu les §§ 375 à 377 qui leur sont applicables.

MARCHES D'HARMONIE

SUCCESSIONS SYMÉTRIQUES D'ACCORDS
dont les parties supérieures s'écrivent sans symétrie

ACCORDS de NEUVIÈME de DOMINANTE

ETAT FONDAMENTAL

§ **417.** — L'accord de *neuvième de dominante* est un *accord de cinq sons*, ayant pour *fondamentale* la *dominante* de l'un ou l'autre mode.

En mode majeur,
il se compose:
de tierce majeure, quinte juste,
septième mineure, et *neuvième majeure*.

On l'appelle:
ACCORD de NEUVIÈME MAJEURE
de DOMINANTE

En mode mineur,
il se compose:
de tierce majeure, quinte juste,
septième mineure, et *neuvième mineure*.

On l'appelle:
ACCORD de NEUVIÈME MINEURE
de DOMINANTE

Dans les deux modes, on le chiffre par $\frac{9}{7}$ et, au besoin, on ajoute devant le chiffre 9 l'accident qui peut être nécessaire pour obtenir la neuvième *majeure* ou la neuvième *mineure*.

Accord de neuvième majeure
de dominante.

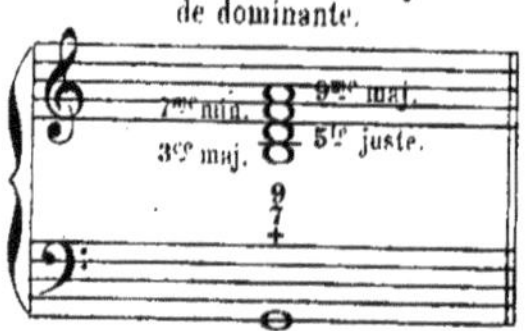

Accord de neuvième mineure
de dominante.

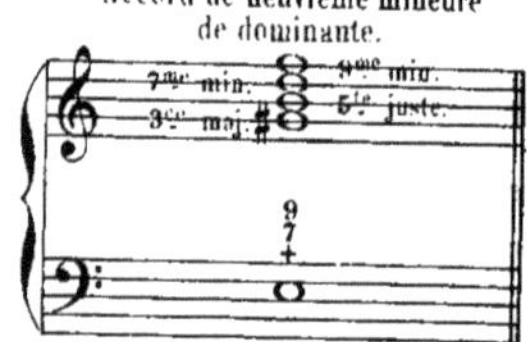

DISPOSITION des ACCORDS de NEUVIÈME de DOMINANTE

§ **418.** — Pour être *complet*, un accord de *neuvième de dominante* exige, nécessairement, *cinq parties* (voir les exemples précédents); ses *bonnes notes* sont, outre la fondamentale, la *tierce*, la *septième* et la *neuvième*; ces trois dernières sont les *notes à mouvement obligé*.

Pour le réaliser à *quatre parties*, c'est la *quinte de la fondamentale* que l'on doit en *supprimer*. (*)

§ **419.** — La *dissonance* de *neuvième* qu'elle soit *majeure*, qu'elle soit *mineure*, ne doit, en aucun cas, être *rapprochée de la fondamentale* de manière à former, avec celle-ci, *un intervalle de seconde*.

§ **420.** — La *neuvième majeure* doit en outre être placée *au-dessus de la tierce*, et former avec elle l'intervalle de *septième*: ce qui ne permet d'avoir, à la *partie supérieure*, que la *neuvième* ou la *septième* d'un accord de *neuvième majeure de dominante*, à quatre parties.

§ **421.** — La *neuvième mineure* peut être mise *au-dessous de la tierce*; ce qui permet d'avoir, à la *partie supérieure*, l'une quelconque des notes de l'accord de *neuvième mineure* de dominante, sauf la fondamentale.

(*) Il est à remarquer que, dans *tous les accords dissonants naturels*, c'est la *seconde note du ton* que l'on *supprime de préférence*. Cela tient à ce que cette note est *la seule* dont la suppression *n'altère rien* au caractère de ces accords.

§ **422.**—Les accords de *neuvième de dominante* peuvent se faire *sans aucune préparation*; néanmoins, lorsque l'accord qui les précède le permet, il est toujours *bon* d'en *préparer* la *neuvième* ou la *fondamentale.*

§ **423.**—La *neuvième sans préparation* doit être *attaquée* par *mouvement contraire* par rapport à la *basse* ou, tout au moins, être amenée *par degrés conjoints*, s'il y a *mouvement direct.*

§ **424.**—La *résolution naturelle* des accords de *neuvième de dominante* a lieu, le plus souvent, sur l'*accord parfait de la tonique* à l'*état fondamental*, mais elle peut se faire aussi sur le *second renversement du même accord* (accord de *quarte et sixte* de la *dominante*).

Dans l'un et l'autre cas, la *tierce* (note sensible) doit *monter* à la tonique, les *dissonances* de *septième* et de *neuvième* doivent *descendre* d'un degré.

§ **425.**—On peut faire la *résolution anticipée* de la *neuvième*, ce qui ramène à l'accord de *septième de dominante* avec basse doublée. On chiffre alors de cette façon ces deux accords: $\frac{9\ 8}{7\ -}$ $\frac{}{+\ -}$

EXERCICE

Réaliser à *quatre parties* les accords suivants.—En indiquer les diverses tonalités.

EMPLOI
des Accords de Neuvième de Dominante
à l'état fondamental

§ **426.**—Nous dirons des accords de *neuvième de dominante* ce que nous avons dit, précédemment, des accords de *septième de sensible:* comme ceux-ci, les accords de neuvième ne sont, pour ainsi dire, que *substitués* à l'accord de *septième de dominante* dont ils remplissent alors les fonctions.

En d'autres termes, un accord de *neuvième de dominante*, n'étant qu'une sorte d'*extension* donnée à l'accord de *septième du même degré*, il ne s'emploie qu'en son lieu et place.

EN RÉSOLUTION NATURELLE

§ **427.**—Les accords de *neuvième de dominante* se font, comme l'accord de septième du même degré, *sur la dominante* montant à la *tonique* ou restant immobile. Dans le premier cas, la résolution a lieu sur l'*accord parfait du 1er degré;* dans le second cas, sur son second renversement, l'accord de *quarte et sixte de la dominante.*

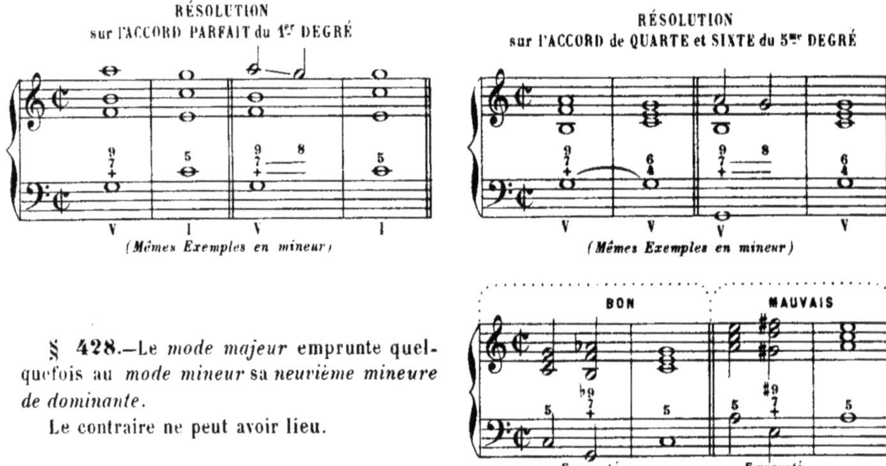

§ **428.**—Le *mode majeur* emprunte quelquefois au *mode mineur* sa *neuvième mineure de dominante.*

Le contraire ne peut avoir lieu.

DANS LES CADENCES

§ **429.**—La *résolution la plus naturelle* de l'accord de *neuvième de dominante* ayant lieu sur l'*accord parfait* de la *tonique* à l'état *fondamental,* on peut, à la rigueur, se servir de cet accord de neuvième pour faire une *cadence parfaite.*

Cependant, l'effet de cette cadence est *peu satisfaisant* dans le *mode majeur,* parce qu'on ne peut, avec elle, *terminer* par la *tonique* à la *partie supérieure.*

PEU USITÉ
comme cadence parfaite.

En *mineur,* cette cadence est plus satisfaisante parce que la 1re partie peut recevoir la *sensible montant* à la *tonique.*

§ **430.**—En somme, l'accord de *neuvième de dominante* convient mieux *au corps de la phrase* qu'à sa terminaison; et ce n'est que pour obtenir un *effet spécial* qu'on s'en sert, quelquefois, comme accord déterminant une *cadence.*

§ **431.**—Outre la *cadence parfaite,* on peut faire avec l'accord de *neuvième de dominante* une *cadence évitée,* celle-ci avec *résolution exceptionnelle* de l'accord de neuvième.

MODULATIONS AUX TONS VOISINS

§ **432.**—On peut se servir de l'accord de *neuvième majeure* de dominante pour passer aux *tons voisins majeurs,* et de l'accord de *neuvième mineure* de dominante pour passer aux *tons voisins mineurs.*

§ **433.**—La *neuvième mineure* empruntée par le *mode majeur* (§ 428) peut servir, quelquefois, pour *moduler* dans ce *dernier mode.*

MODULATIONS AUX TONS ÉLOIGNÉS

§ **434.**—Les modulations aux *tons éloignés,* opérées au moyen des accords de *neuvième de dominante,* ne s'obtiennent, le plus souvent, qu'en poursuivant dans une *même direction* des *modulations successives entre tons voisins.*

EXERCICES

Réaliser les *marches* suivantes à 4 parties; d'abord avec le chiffrage supérieur, puis avec le chiffrage inférieur. Désigner toutes les *tonalités* employées.

Chiffrer les basses données suivantes, en employant à propos l'accord de *neuvième de dominante* en *résolution naturelle*, puis, les réaliser à 4 parties.

RÉSOLUTION *sur l'*ACCORD PARFAIT *du* 1ᵉʳ DEGRÉ

RÉSOLUTION *sur l'*ACCORD *de* QUARTE *et* SIXTE *de la* DOMINANTE (Même degré)

RÉSOLUTIONS EXCEPTIONNELLES
des Accords de Neuvième de Dominante
à l'état fondamental

§ 435.—Les *résolutions exceptionnelles* des accords de *neuvième de dominante* sont peu nombreuses. Voici les plus usitées:

Dans ces résolutions, la *note sensible* (tierce de l'accord) descend d'un *demi-ton chromatique;* ce qui provoque une *modulation* à la 4te *supérieure* ou 5te *inférieure;* ou bien encore, en partant d'un *ton majeur;* à la 2de *supérieure.*

EXERCICES

Réaliser les accords suivants à *quatre* parties.—Désigner toutes les tonalités employées.

MODULATIONS PASSAGÈRES   *MODULATIONS DÉFINITIVES*
à la quarte supérieure ou quinte inférieure.

ALTÉRATION DESCENDANTE de la NEUVIÈME
dans l'accord de Neuvième majeure de Dominante

§ **436.**—On peut, dans le *mode ma-jeur*, obtenir la *neuvième mineure* de dominante au moyen de *l'altération descendante* du 6me *degré* (neuvième de la fondamentale).

Cette *altération* peut se faire *sans préparation*; c'est alors un *emprunt* fait au *mode mineur* par le *mode majeur* (§428)

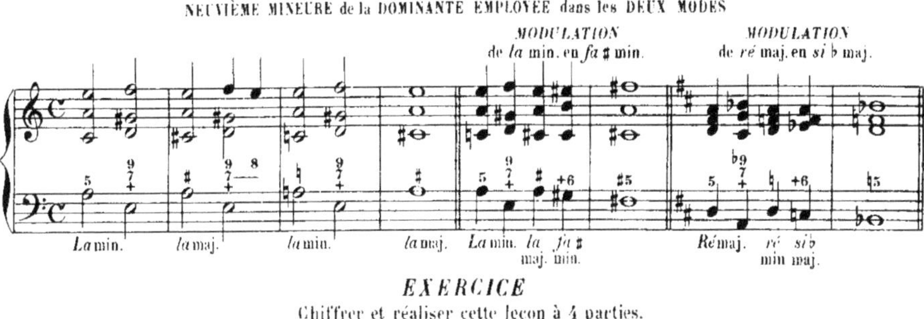

§ **437.**—La faculté de faire en *majeur* cette neuvième du *mode mineur* permet de passer, à volonté, d'un *mode à l'autre* par son intermédiaire et de se *rapprocher*, rapidement, de *certaines tonalités éloignées*.

NEUVIÈME MINEURE de la DOMINANTE EMPLOYÉE dans les DEUX MODES

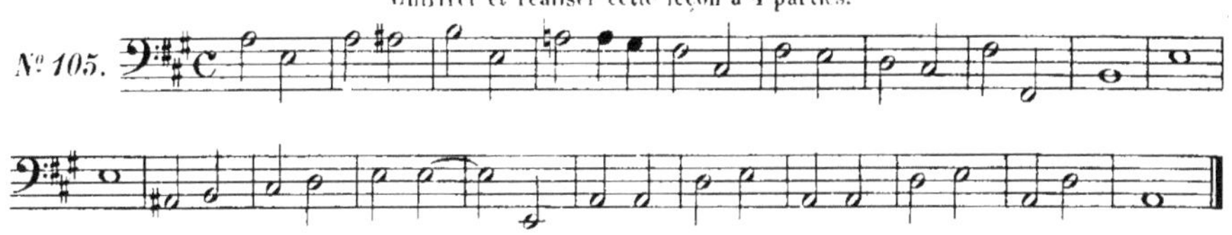

EXERCICE
Chiffrer et réaliser cette leçon à 4 parties.

N.º 105.

RENVERSEMENTS
des accords de Neuvième de Dominante

§ **438.**—Les accords de *neuvième de dominante*, ayant *cinq sons*, devraient avoir *quatre renversements*; mais le *quatrième est impraticable*, parce qu'il ne remplit pas la condition indispensable qui veut que la 9me soit placée *au-dessus de la fondamentale*. Ce qui réduit à *trois* le nombre des *renversements usités*. Encore fait-on très peu d'usage de ces renversements; et surtout du *second*, qui n'est praticable qu'à *cinq parties*.(*)

(*) Les limites de cet Abrégé ne nous permettent pas d'entrer dans tous les détails que comporte à ce sujet la page 290 du Cours Complet.

ACCORDS de 7ᵐᵉ SUR-TONIQUE

NOTIONS GÉNÉRALES

§ **439.**—Tous les accords *dissonants naturels* peuvent se faire avec *addition de la tonique* placée à la basse.

Ces accords ainsi pratiqués ne sont *jamais considérés comme renversés*, quelle que soit leur position.

§ **440.**—Relativement à la *disposition* de leurs notes et à la *résolution* de celles qui ont un *mouvement obligé*, ils sont soumis aux *mêmes règles* que s'ils étaient posés sur leur basse naturelle.

Voici leurs *dénominations*, leur *chiffrage*, leurs principales *dispositions* et leur *résolution naturelle* sur l'accord *parfait* de la *tonique* qui les a portés.

SEPTIÈME DE DOMINANTE SUR-TONIQUE +7
(des deux modes)

SEPTIÈME DE SENSIBLE SUR-TONIQUE   SEPTIÈME DIMINUÉE SUR-TONIQUE

§ **441.**—On peut *chiffrer* ainsi qu'il suit les accords *dissonants naturels* d'une même tonalité se succédant sur la tonique. (*)

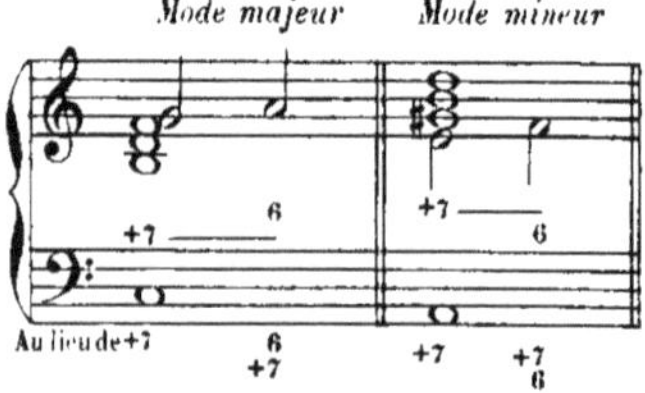

(*) Au besoin, on place devant le 6, employé dans le *chiffrage* de la plupart de ces accords, le signe nécessaire pour indiquer le *mode de la sixte*.

EXERCICES

Réaliser à 4 parties les *groupes d'accords* suivants, ainsi que les *marches* qui leur succèdent.

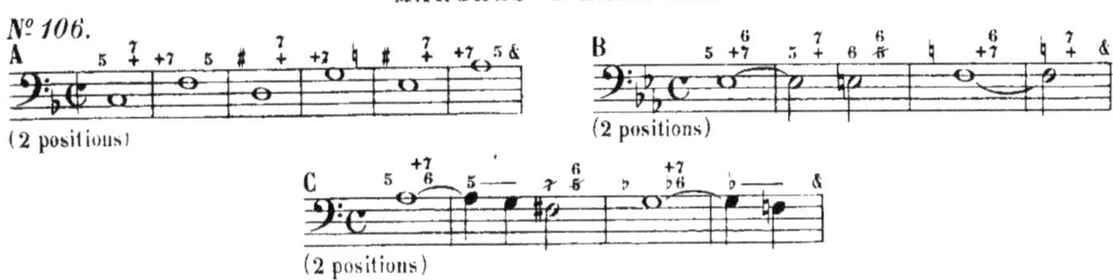

MARCHES D'HARMONIE

N° 106.

RÉSOLUTIONS EXCEPTIONNELLES
des Accords de Septième sur-tonique

Ces *résolutions exceptionnelles* sont peu nombreuses; voici *les plus usitées:*

MODULATION à la 5ᵗᵉ INFÉRIEURE ou 4ᵗᵉ SUPÉRIEURE   MODULATION à la 2ᵈᵉ MAJEURE SUPÉRIEURE

EXERCICES

Réaliser à 4 parties les *groupes d'accords* suivants, ainsi que les *marches* qui leur succèdent.

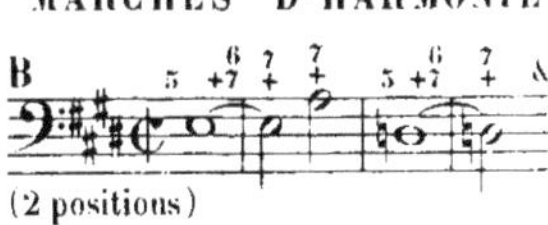

MARCHES D'HARMONIE

N° 107.

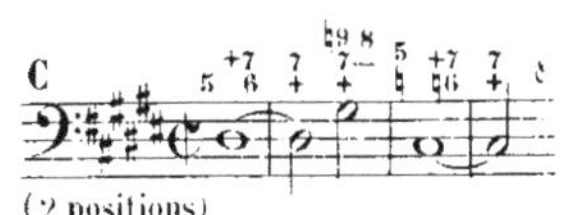

EMPLOI
des Accords de Septième sur-tonique

§ 442.—Les accords *dissonants naturels sur-tonique* peuvent s'employer dans les cas suivants:

A.—1° *Sur la tonique* placée à la *basse* et sur le *temps fort*, lorsque la dite *tonique* y est *précédée de la dominante*, laquelle doit alors porter: l'accord de *septième*, celui de *neuvième* ou simplement l'accord *parfait*.

(La *note sensible* qui doit former *septième majeure* sur la tonique se trouve ainsi *préparée*.)

B.—2° Sur une *tenue de la tonique*, laquelle doit avoir été entendue *avant l'attaque* de l'accord *dissonant naturel*.

Cet accord peut se faire, alors, sur un *temps faible* comme sur un *temps fort*.

C.—3° Par extension, sur une *tenue de la dominante*, laquelle doit être, pour un moment, considérée comme tonique.

EXERCICES

Chiffrer les leçons suivantes, en employant les accords de septième sur-tonique.
Indiquer les *tonalités*, les *cadences* et les *accords d'emprunt*, comme dans l'exemple précédent; puis, *réaliser* ces leçons à quatre *parties*.

FIN DE LA DEUXIÈME PARTIE

TROISIÈME PARTIE

HARMONIE DISSONANTE ARTIFICIELLE

EXPOSÉ

§ 443.—*L'harmonie dissonante artificielle* comprend les *agrégations* qu'on ne peut obtenir qu'au moyen de l'un des *artifices* suivants:

1° La *prolongation* d'*une* ou *plusieurs notes* d'un premier accord *sur l'accord suivant*, chaque prolongation venant produire une *dissonance* dans ce *second accord*, indépendamment de celles qu'il pouvait déjà contenir.

2° L'*altération* d'*une* ou de *plusieurs notes* des accords, *chaque altération* y produisant *par elle-même* une *dissonance*.

DE LA PROLONGATION

§ 444.—La *prolongation* n'étant qu'un *artifice harmonique* qui ne change pas le fond de l'accord auquel il est appliqué, la *dissonance* qui résulte de son emploi est nommée *dissonance artificielle*.

§ 445.—Dans certains cas, la *prolongation* ne fait que *retarder* l'une des notes intégrantes de l'accord sur lequel elle a lieu, *sans y ajouter un son*: la *note prolongée* prend alors le nom de *retard*.

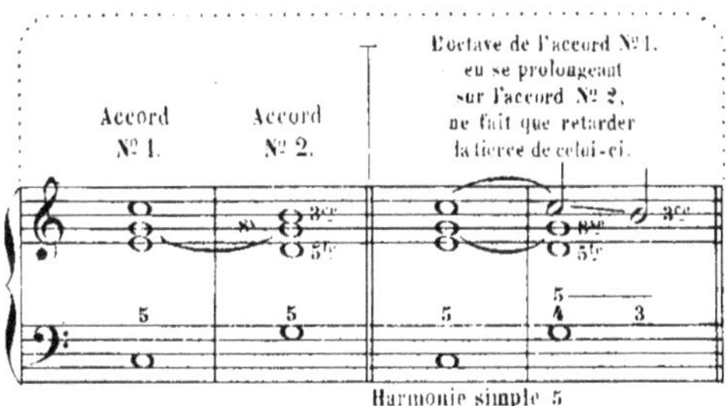

§ 446.—Dans d'autres cas, au contraire, la *prolongation s'ajoutant aux notes de l'accord* sans en retarder aucune, on la qualifie de *note ajoutée par prolongation*.

§ **447.**—*L'origine même* d'une *dissonance* obtenue par la *prolongation* indique suffisamment qu'une telle *dissonance* doit être *préparée.*

La *préparation* d'une *dissonance artificielle* peut se faire par le moyen, soit d'une *consonance*, soit d'une *dissonance naturelle* n'ayant pas elle-même besoin de préparation.

§ **448.**—Pour que la *préparation* d'une dissonance de cette nature soit *bonne,* il faut:

1º Qu'elle soit faite *à la partie même* où cette note est destinée à devenir *dissonance.*

2º Qu'elle ait, comme durée, *une valeur au moins égale à celle de la dissonance.* (Voir les exemples précédents.)

§ **449.**—Pourtant, dans la *mesure à trois temps,* on admet quelquefois la *prolongation* occupant les *deux premiers temps* d'une mesure, *préparée* par une note *attaquée au troisième temps* de la mesure précédente.

ACCORDS de 7me par PROLONGATION

ÉTAT FONDAMENTAL

§ **450.**—L'accord *parfait majeur,* l'accord *parfait mineur* et l'accord de *quinte diminuée* peuvent recevoir l'*addition* d'une *septième* résultant de la *prolongation* d'une *note intégrante* de l'accord précédent.

Cette *septième, dissonance ajoutée par prolongation,* doit se *résoudre* en *descendant d'un degré;* elle produit les *accords fondamentaux* suivants:

1º L'accord de *septième majeure,* qui résulte de la *prolongation* sur l'accord *parfait majeur* d'une note de l'accord précédent qui vient y former *septième majeure.*

On le chiffre par 7.

ACCORD de SEPTIÈME MAJEURE

2º L'accord de *septième mineure,* qui résulte de la *prolongation* sur l'accord *parfait mineur* d'une note de l'accord précédent qui vient y former *septième mineure.*

On le chiffre également par 7.

ACCORD de SEPTIÈME MINEURE

3º L'accord de *septième mineure* et *quinte diminuée,* qui résulte de la *prolongation,* sur l'accord de *quinte diminuée,* d'une note de l'accord précédent qui vient y former *septième mineure.*

On le chiffre par 7̶ comme l'accord de septième de sensible, parce qu'il se compose des mêmes intervalles.

ACCORD de 7me MINEURE et 5te DIMINUÉE

DISPOSITION des ACCORDS de SEPTIÈME par PROLONGATION

§ **451.**—Les *bonnes notes* d'un accord de *septième par prolongation* sont: outre la *fondamentale*, la *tierce* et surtout la *septième*. En conséquence, les *meilleures dispositions* d'un pareil accord sont celles où la *partie supérieure* est occupée par la *septième* ou par la *tierce*.

§ **452.**—On peut, au besoin, *retrancher la quinte d'un accord de septième*; et dans ce cas, si l'on veut cet accord à *quatre parties*, on en *double la basse* ou parfois la *tierce*.

A *trois parties*, la *suppression de la quinte* est inévitable: on ne peut avoir que la 3ᶜᵉ et la 7ᵐᵉ.

§ **453.**—ENCHAÎNEMENT de DEUX ACCORDS de SEPTIÈME à **4** PARTIES

Mêmes règles que pour l'enchaînement de *deux septièmes de dominante* par *quarte supérieure* ou *quinte inférieure* (Voir le § 380 et l'exemple suivant)

ACCORDS de 7ᵐᵉ de DOMINANTE et de 7ᵐᵉ de SENSIBLE
traités en accords par prolongation

§ **454.**—Lorsque l'accord de *septième de dominante* et celui de *septième de sensible* du mode majeur font partie d'une *série d'accords par prolongation*, ils sont eux-mêmes considérés comme *tels* et l'on est dispensé de faire monter à la tonique la *note sensible tierce* du premier accord et *basse* du second (Voir l'*enchaînement* du 1ᵉʳ au 2ᵐᵉ accord et *celui* du 4ᵐᵉ au 5ᵐᵉ de l'exemple suivant).

Mais si l'un de ces deux accords est le *dernier* de la *série des septièmes*, il doit être *résolu* conformément aux règles qui concernent les *accords dissonants naturels*. (§345) (Voir dans l'exemple ci-dessous, l'*enchaînenement des deux derniers accords*.)

EXERCICES

Réaliser les groupes d'accords suivants à *trois* et à *quatre* parties et dans les *meilleures positions*.

RENVERSEMENTS des ACCORDS de SEPTIÈME
par prolongation

§ **455.**—Les accords de *septième par prolongation* ont chacun *trois renversements*.

PREMIER RENVERSEMENT

ACCORD de QUINTE et SIXTE

§ **456.**—Un accord de *quinte et sixte* se compose d'une *tierce*, d'une *quinte* et d'une *sixte*. On le chiffre par $\frac{6}{5}$ ou, au besoin $\frac{6}{5}\frac{b6}{5}\frac{6}{5}$ ♮.

§ **457.**—Dans cet accord, la *dissonance* est la *quinte* (septième de la fondamentale) *note ajoutée* à *l'accord de sixte* qui en est *l'harmonie simple*.

En conséquence, cette *quinte* doit être *préparée* et se *résoudre* en *descendant d'un degré*.

§ **458.**—Les notes *les plus importantes* de cet accord sont la *quinte* et la *sixte*.

Si l'on n'a que *trois parties*, la *suppression de la tierce* est inévitable; mais, dès qu'on en a *quatre*, cette suppression devient inutile; et, *sauf de rares exceptions*, on doit avoir l'accord complet.

DISPOSITION DE L'ACCORD DE QUINTE ET SIXTE

§ **459.**—On peut placer à la *partie supérieure* l'une quelconque des notes d'un accord de *quinte et sixte;* cependant, la *quinte* étant la *dissonance*, c'est la *meilleure note* qu'on y puisse mettre; puis, vient la *sixte;* et enfin la *tierce*, moins bonne que les autres.

EXERCICE
Réaliser les groupes d'accords suivants à *trois* et à *quatre parties*.

DEUXIÈME RENVERSEMENT

ACCORD de TIERCE et QUARTE

§ **460.**—Un accord de *tierce et quarte* se compose d'une *tierce*, d'une *quarte* et d'une *sixte*.

On le chiffre par $\frac{4}{3}$ ou, au besoin, $\overset{\flat 6}{\underset{3}{4}}$ $\overset{4}{\natural}$ $\overset{4}{\sharp}$ 4.

§ **461.**—Dans cet accord, la *dissonance* est la *tierce* (septième de la fondamentale) *note ajoutée* à l'*accord de quarte et sixte* qui en est l'*harmonie simple*.

En conséquence, cette *tierce* doit être *préparée* et se *résoudre* en *descendant d'un degré*.

§ **462.**—Les notes *les plus importantes* de cet accord sont la *tierce* et la *quarte*;

On n'en peut *retrancher* que la *sixte*, et cela, seulement en écrivant à *trois parties*; (*) car, dès qu'on en a *quatre*, la *sixte* devient *nécessaire*, puisque c'est la *tierce de la fondamentale*, c'est-à-dire l'*une des notes les plus essentielles* de l'accord.

DISPOSITION DE L'ACCORD DE TIERCE ET QUARTE

§ **463.**—On peut placer, à la *partie supérieure*, l'une quelconque des notes d'un accord de *tierce et quarte*; cependant, la *tierce* étant la *dissonance,* c'est la *meilleure note* qu'on y puisse mettre; puis, vient la *sixte* et enfin la *quarte*.

§ **464.**—*OBSERVATION*— Avec la *tierce* à la *1ᵉ partie*, on a, le plus souvent, les *deux parties extrêmes syncopées à la fois*. Cette *licence* peut être *permise* en faveur de l'*excellence de la position*.

Si, pourtant, l'on n'avait que *trois parties,* il serait préférable d'*éviter ces deux syncopes aux extrémités,* parce que le *temps fort* ne serait *pas assez marqué* par la *seule partie intermédiaire*.

EXERCICE

Réaliser les groupes d'accords suivants, à *trois* et à *quatre parties*.

(*) Cet accord, *peu usité à quatre parties,* l'est *moins encore à trois*.

TROISIÈME RENVERSEMENT

ACCORD DE SECONDE

§ **465.**—Un *accord de seconde* se compose d'une *seconde*, d'une *quarte* et d'une *sixte*.

On le chiffre par 2 ou, au besoin, ♯2, ♭2, ♭4/2, ♯6/♯2, ♭6/♭4/2 &.

§ **466.**—Dans cet accord, la *dissonance* est la *note de basse, note ajoutée, par prolongation*, à une *seconde au-dessous de la fondamentale* d'un *accord parfait* ou d'un *accord de quinte diminuée*.

L'harmonie simple de ce 3ᵐᵉ renversement est donc l'accord parfait ou celui de *quinte diminuée*, dont la fondamentale est à une *seconde au-dessus de la dissonance* placée à la basse.

Cet accord ne peut se faire que sur une *note de basse préparée* et *descendant* d'un degré.

SUPPRESSION ET REDOUBLEMENT DE NOTES
dans l'accord de Seconde

§ **467.**—Les notes *les plus importantes* de cet accord sont la *seconde* et la *quarte*.

Si l'on en veut *retrancher* une note, soit pour n'avoir que *trois parties*, soit pour toute autre raison, c'est sur la *sixte* que doit porter la *suppression*.

DISPOSITION DE L'ACCORD DE SECONDE

§ **468.**—Les *notes* de cet accord qui *conviennent le mieux à la partie supérieure* sont la *seconde* ou la *quarte*; mais rien n'empêche d'y placer la *sixte*, s'il en est besoin.

EXERCICE

Réaliser la leçon suivante à *quatre parties*.

En faire aussi la *réalisation à trois parties*, d'après le *chiffrage inférieur de la basse*.

RENVERSEMENTS
des Accords de 7me de Dominante et de 7me de Sensible traités comme Accords par prolongation

§ 469.—Ce qui a été dit (§ 454) au sujet des accords de *septième de dominante* et de *septième de sensible*, employés comme *accords par prolongation*, est applicable à *tous leurs renversements*.

C'est-à-dire que, lorsqu'ils font partie d'une *série* d'accords par prolongation, ils sont eux-mêmes traités comme *tels*, et la *résolution de la note sensible*, qu'ils contiennent tous, *n'a pas lieu*.

EMPLOI
des Accords de Septième par prolongation et de leurs renversements

§ 470.—On a vu comment, au moyen de la *prolongation*, on peut ajouter une *septième majeure* à l'accord *parfait majeur*, une *septième mineure* à l'accord *parfait mineur* ou à celui de *quinte diminuée*.

On obtient par ce moyen, un *accord de septième* sur les *1er, 2me, 3me, 4me* et *6me degrés* de la *gamme majeure*.

Le *5me* et le *7me* degré en étant déjà pourvus (harmonie dissonante naturelle) il s'ensuit que *toutes les notes d'une gamme majeure* sont susceptibles de porter un *accord de 7me*.

ACCORDS de SEPTIÈME en DO MAJEUR

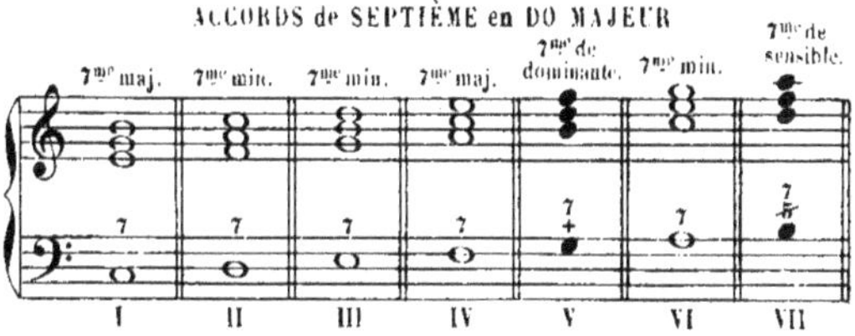

§ 471.—Par leur renversement, ces accords de *septième* fournissent pour *chaque degré* de la *gamme majeure:* 1° un accord de *quinte et sixte;* 2° un accord de *tierce et quarte;* 3° un accord de *seconde*.

§ 472.—Dans le *mode mineur 1re forme*, on obtient, par la *prolongation*, un accord de *septième* sur les *2me, 4me* et *6me degrés*.

Le *5me* et le *7me* degré en étant déjà pourvus, comme en majeur, il s'ensuit, *qu'à l'exception* du *1er* et du *3me* degré, toutes les notes de la gamme mineure 1re forme sont susceptibles de porter un accord de septième.

ACCORDS de SEPTIÈME en LA MINEUR (1re forme)

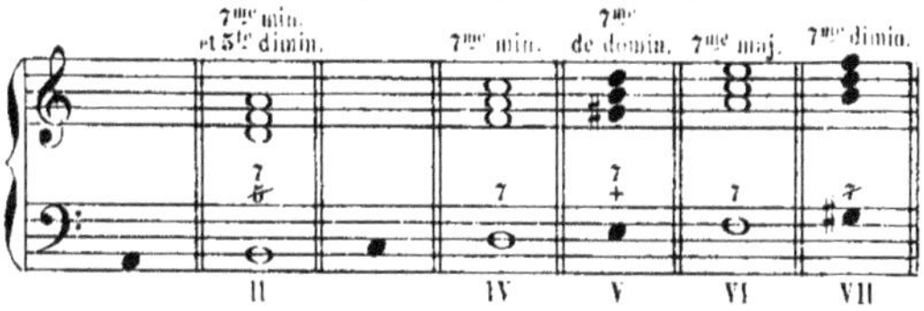

§ 473.—Par leur renversement, ces accords de *septième* fournissent: 1° un accord de *quinte et sixte* sur les 1er, 2me, 4me, 6me et 7me degrés; 2° un accord de *tierce et quarte* sur les 1er, 2me, 3me, 4me et 6me degrés; 3° un accord de *seconde* sur les 1er, 3me, 4me, 5me et 6me degrés.

§ 474.—Ce n'est qu'en se servant de la *gamme mineure descendante 2de forme* (7me degré baissé) qu'on peut obtenir, dans ce mode, un accord de septième sur chaque degré.

Mais alors, les accords de *septième* obtenus par ce moyen sur les *1er, 3me, 5me* et *7me* degrés (celui-ci baissé) ne sont que des *accords d'emprunt* appartenant au *ton majeur relatif*, et ne sont usités que dans les *progressions descendantes*. Il en est de même de leurs renversements.

DE LA PLACE QUE DOIT OCCUPER DANS LA MESURE
un accord par prolongation

§ **475.**—Lorsqu'on ne fait, dans une mesure, qu'*un seul* accord par prolongation, c'est ordinairement *sur le temps fort.* (Cette règle n'est pas absolue.)

§ **476.**—Quand le *temps fort* d'une mesure a été occupé par un accord *avec prolongation,* on peut en faire *un autre sur le temps faible suivant.*

DES MOUVEMENTS DE BASSE
favorisant l'emploi des accords de Septième par prolongation
ÉTAT FONDAMENTAL

§ **477.**—Toute note de basse placée sur un *temps fort* (*) et *montant* d'une *quarte* ou *descendant* d'une *quinte,* peut porter un *accord de septième,* pourvu, toutefois, qu'on en puisse *préparer la dissonance.*

La *résolution* de l'accord de *septième* se fait alors sur un *accord fondamental,* soit *consonant,* soit *dissonant.*

PREMIER RENVERSEMENT

§ **478.**—Toute note de basse placée sur un *temps fort* et *montant* d'une *seconde* peut porter un accord de *quinte et sixte,* à la condition d'en pouvoir *préparer la quinte.*

§ **479.**—Si, au lieu de monter d'un degré, la *note de basse* portant *quinte et sixte* reste d'abord *immobile* pour descendre ensuite, la *résolution* de l'accord de *quinte et sixte* a lieu sur l'accord de *seconde.*

(*) Relativement à la *septième* placée sur un *temps faible,* se conformer aux prescriptions du § 476.

DEUXIÈME RENVERSEMENT

§ 480.—L'emploi du *deuxième renversement* des accords de *septième majeure* et de *septième mineure* demande des précautions qui le rendent *peu praticable*: aussi, n'est-il pas très usité.

En effet, dans un accord de *tierce et quarte juste*, deux préparations sont nécessaires, savoir: celle de la *quarte* par la *basse* (§ 128) et celle de la *tierce* qui est la *dissonance*.

En remplissant ces conditions, on peut placer au *temps fort*, un accord de *tierce et quarte* sur toute note de *basse préparée* et descendant d'un degré.

Sa résolution a lieu, le plus souvent, sur un *accord fondamental* consonant ou dissonant.

TROISIÈME RENVERSEMENT

§ 481.—Toute *note préparée* et *descendant d'un degré* à la basse, peut porter un *accord de seconde* sur le *temps fort*.

Sa *résolution* a lieu, ordinairement, sur un *accord de sixte* ou un accord de *quinte et sixte*.

MARCHES D'HARMONIE
pour l'emploi des Accords de Septième
et de leurs renversements

§ 482.—Il est à remarquer que, dans toutes les progressions suivantes, *les fondamentales* se suivent par *quarte supérieure* ou *quinte inférieure*.

EXERCICES

Réaliser les marches suivantes à 4 parties, d'abord avec le *chiffrage supérieur*, puis, avec le *chiffrage inférieur*.

ACCORD de SEPTIÈME du 2ᵈ DEGRÉ des DEUX MODES
et ses renversements

§ **483.**—Parmi les *accords de septième par prolongation*, il n'y a de *très usité*, en dehors des marches d'harmonie, que *celui du 2ᵈ degré* de chaque mode et *ses renversements*.

§ **484.**—Dans les *formules de cadences*, l'accord de *septième du 2ᵈ degré* à l'état *fondamental* ou *renversé* (le *1ᵉʳ renversement* surtout) *précède* souvent *l'accord placé sur la dominante*.

En pareil cas, il peut se faire sur un *temps faible*; et la *résolution de la dissonance* de 7ᵐᵉ peut être *retardée* par l'accord de *quarte et sixte* de la dominante.

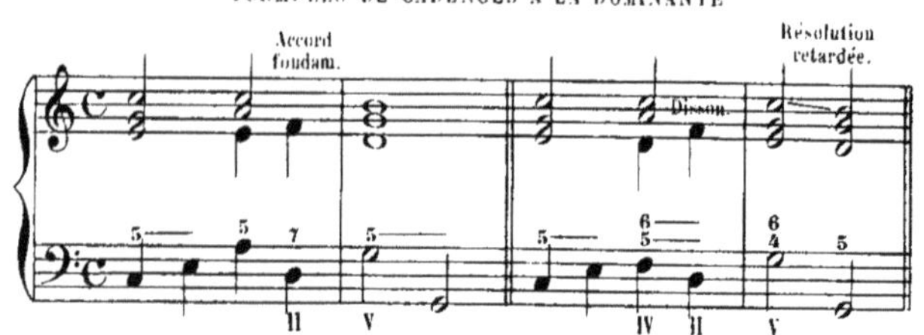

EXERCICE
Chiffrer et réaliser les *formules de cadences suivantes*
en employant l'accord de *septième du 2ᵈ degré* et *ses renversements*.

MODE MAJEUR

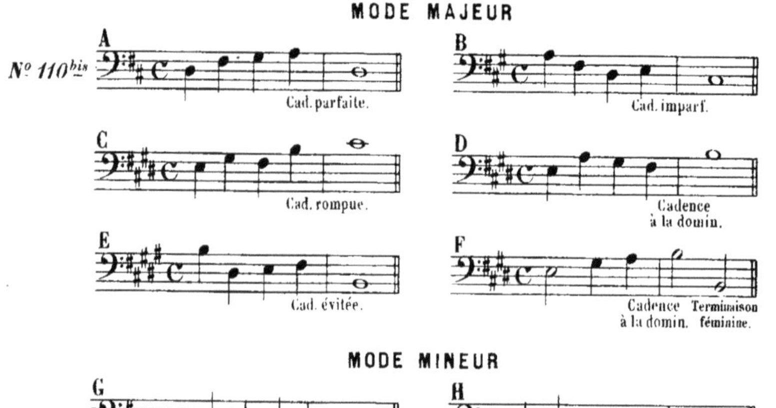

MODE MINEUR

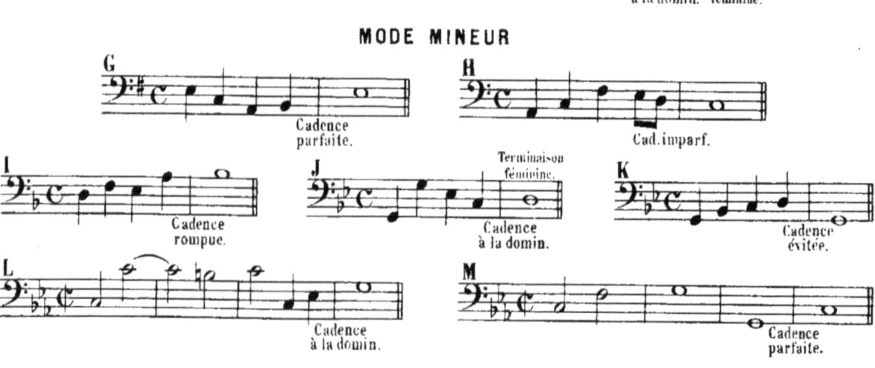

ACCORDS PAR PROLONGATION
dans les modulations

§ **485.**—La *prolongation* est loin de fournir un élément favorable à la *modulation*.

Aussi, n'est-ce que par l'une des notes de l'*harmonie simple*: la *fondamentale*, sa *tierce* ou sa *quinte* que l'on peut *provoquer* un *changement de ton ou de mode*.

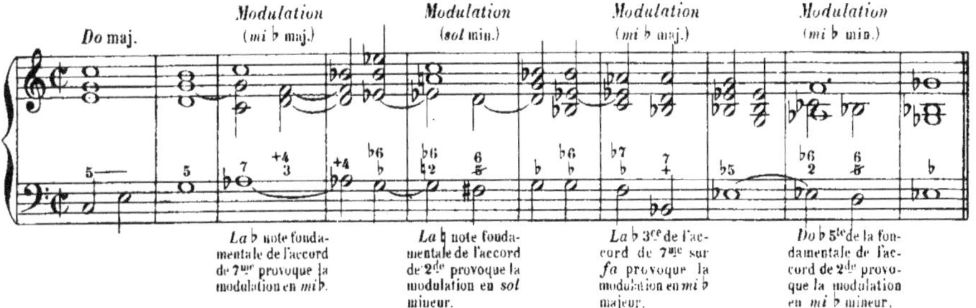

§ **486.**—Cependant, l'*accord de septième mineure*, qui semble appartenir plus particulièrement au *2d degré* de la *gamme majeure*, et l'accord de *septième mineure et quinte diminuée*, qui appartient presque exclusivement au *2d degré* du *mode mineur*, peuvent provoquer une modulation.

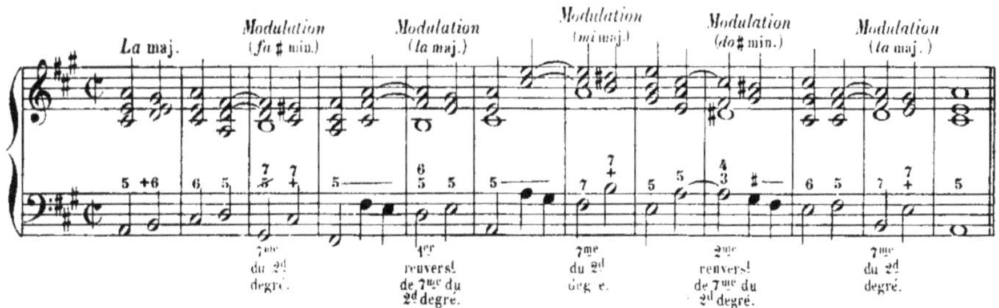

487.—Mais, les *accords par prolongation* conviennent surtout à une *tonalité établie et stable*.

EXERCICES
Chiffrer et *réaliser* les leçons suivantes à quatre parties.

ACCORDS DE SEPTIÈME PAR PROLONGATION

ÉTAT FONDAMENTAL

N° 111.

PREMIER RENVERSEMENT

N° 112.

DEUXIÈME RENVERSEMENT

N° 113.

TROISIÈME RENVERSEMENT

N° 114.
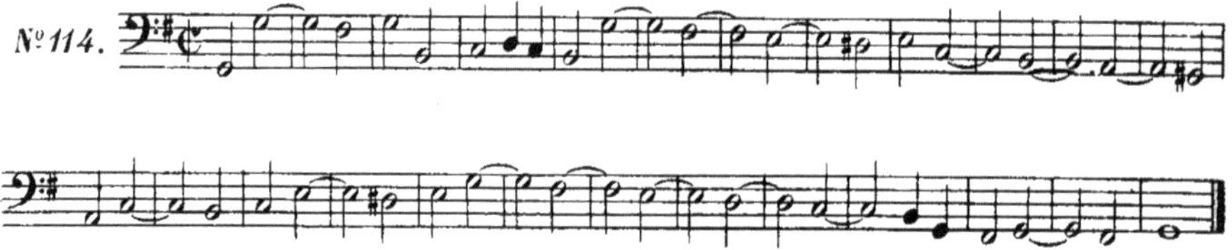

CHANTS DONNÉS
pour l'emploi des accords de *septième par prolongation*
et principalement celui du 2ᵈ degré des deux modes, fondamental ou renversé.

N° 115.

N° 116.

DES RETARDS

NOTIONS GÉNÉRALES

§ **488.**—Lorsque, par la *prolongation* d'une note d'un premier accord sur l'accord suivant, on ne fait que *retarder* l'une des notes intégrantes de ce second accord, on appelle cette prolongation: *retard, retardement*, ou *suspension* (§ 445)

§ **489.**—Un retard tient, *momentanément*, la place de la note qu'il retarde; il *tend à se résoudre* sur cette note.

§ **490.**—On ne peut retarder, dans un accord quelconque, que *celles de ses notes qui n'exigent point de préparation.*

§ **491.**—*Un seul retard*, pratiqué dans un accord se nomme *retard simple; plusieurs retards* pratiqués à la fois se nomment *retards simultanés*, ou *retards double, triple* ou *quadruple*, selon qu'on retarde *deux, trois* ou *quatre notes* de l'accord.

§ **492.**—Pour être bien caractérisé, un retard *doit déterminer* par lui-même, *une dissonance*, indépendamment des autres dissonances que peut contenir l'accord.

§ **493.**—Toutefois, il est des circonstances où certaines notes *ne formant point de dissonance* doivent être considérées comme de *véritables retards*.

§ **494.**—Pour qu'une note *non-dissonante* ait le *caractère du retard*, il faut qu'elle produise, sur le degré où elle est placée, *une harmonie qui ne soit pas tonale;* comme par exemple:

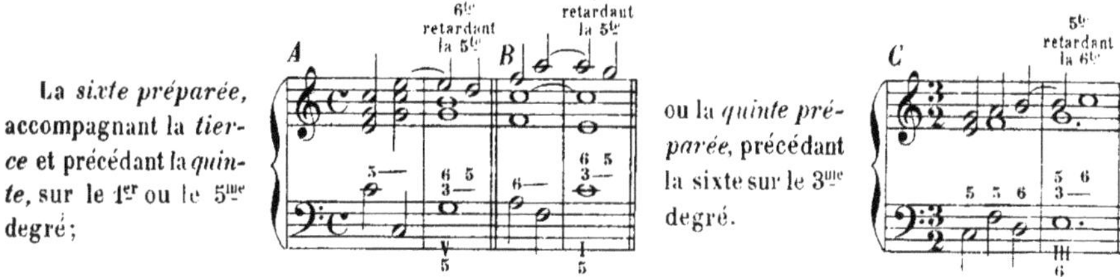

La *sixte préparée*, accompagnant la *tierce* et précédant la *quinte*, sur le 1er ou le 5me degré; ou la *quinte préparée*, précédant la sixte sur le 3me degré.

NOTA.—Dans les deux premiers exemples, *la sixte fait désirer la quinte* dont elle n'est que le *retard;* dans le 3me exemple, *la quinte fait désirer la sixte.*

RETARD INFÉRIEUR ou Ascendant et RETARD SUPÉRIEUR ou Descendant

§ **495.**—Une note peut être *retardée* par celle qui lui est immédiatement *inférieure;* mais, le plus souvent, le *retard* est placé à la *seconde supérieure* de la note qu'il retarde.

§ **496.**—On conçoit, aisément, que le *retard supérieur* doit se résoudre en *descendant d'un degré* (Ex. A. B.); et le *retard inférieur*, en *montant* de la *même quantité* (Ex. C.).

§ **497.**—Un *retard supérieur* peut être ou *consonant* ou *dissonant*.

§ **498.**—Tout *retard inférieur*, à moins d'être le produit *d'une altération*, est ordinairement *consonant*, (Ex. C.) puisqu'il se *résout en montant*, ce qui est contraire à la règle de résolution des *dissonances diatoniques.*

N.—B.-Les *retards consonants* ne formant point d'*agrégations spéciales*, nous n'en ferons pas, ici, une étude particulière. (Nous les avons réservés pour le *Cours Complet d'harmonie*, pages 345 à 347.)

PRÉPARATION DU RETARD

§ **499.**—Le *retard*, étant le *produit d'une prolongation*, on comprend qu'il ne peut exister qu'à la condition d'être d'abord *préparé*. (Sa *préparation* doit être conforme aux prescriptions des §§ **447 à 449**)

De la PLACE QUE DOIT OCCUPER le RETARD dans la PHRASE

§ **500.**—On ne doit pas employer le *retard* pour *commencer* une phrase. On s'en sert quelquefois pour la *terminer*, mais seulement lorsque le caractère du morceau le permet;car,le retard ainsi placé produit une *terminaison féminine*, sa résolution n'ayant lieu qu'au temps faible.

C'est donc,principalement, dans le *corps de la phrase* qu'un retard peut trouver place.

De la PLACE QUE DOIT OCCUPER le RETARD dans la MESURE

§ **501.**—Le *retard* doit être placé sur un *temps fort* ou sur une *partie de temps* relativement *forte*. Sa *résolution* ne peut avoir lieu sur un temps *plus fort* que celui qu'il-occupe lui-même.

Néanmoins,dans les mesures à trois temps,un retard peut n'occuper que le deuxième temps et se résoudre au troisième.

Bien que, dans ces mesures, on puisse parfois n'effectuer qu'au troisième temps la résolution d'un retard commencé au premier, il est mieux, généralement, de faire cette résolution dès le deuxième temps.

SUPPRESSION et REDOUBLEMENT de NOTES
dans les accords avec retards

§ **502.**—Dans un accord où il se trouve un *retard supérieur* de la *fondamentale* ou de la *tierce*, on ne peut retrancher *la note* qui, formant *avec le retard* un intervalle de *seconde supérieure* ou de *septième inférieure*, le rend *dissonant*, sans en affaiblir,considérablement, *le caractère suspensif*.

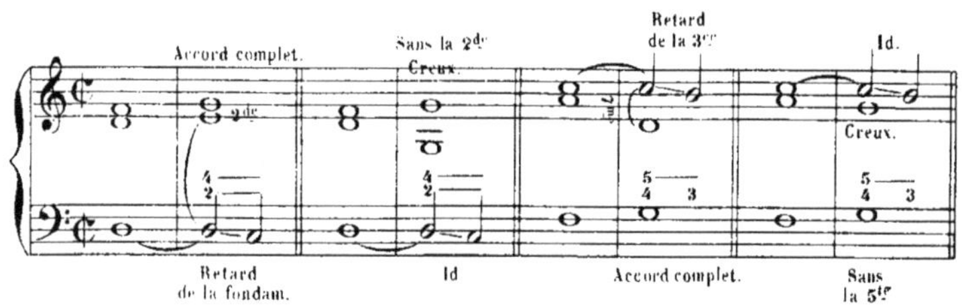

§ **503.**—Comme toutes les notes à *mouvement obligé*, un *retard dissonant* ne doit jamais être doublé.

§ **504.**—En dehors des cas particuliers qui seront signalés à l'occasion,il est de principe que, *pendant la durée d'un retard*, il ne faut pas faire entendre *la note qu'il retarde*, dans quelque partie que ce soit.

§ **505.**—On ne doit point doubler la *note de résolution* d'un retard, par le *mouvement direct;* car il en résulterait *l'octave directe* ou *l'unisson direct* défendus entre n'importe quelles parties (§346). Il faut en excepter, pourtant, *l'octave directe* provenant de la *permutation d'octave à la basse,* au moment de la résolution d'une *neuvième.*

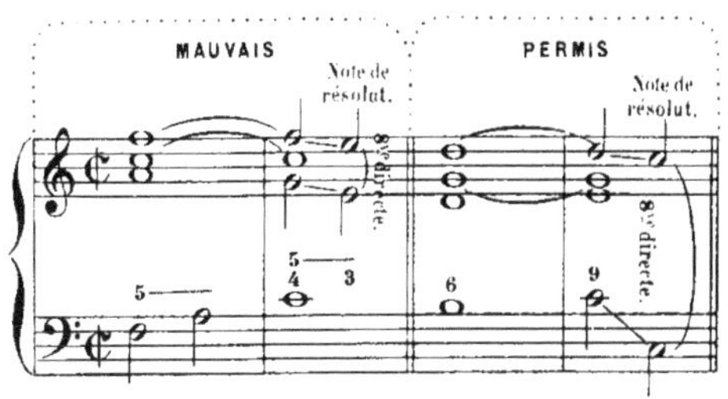

DES CHANGEMENTS D'ACCORDS

§ **506.**—*L'accord peut changer* au moment où le retard se résout, pourvu que la *note de résolution* fasse partie du *nouvel accord* et que, dans son *mouvement résolutif,* elle ne produise aucune des fautes suivantes.

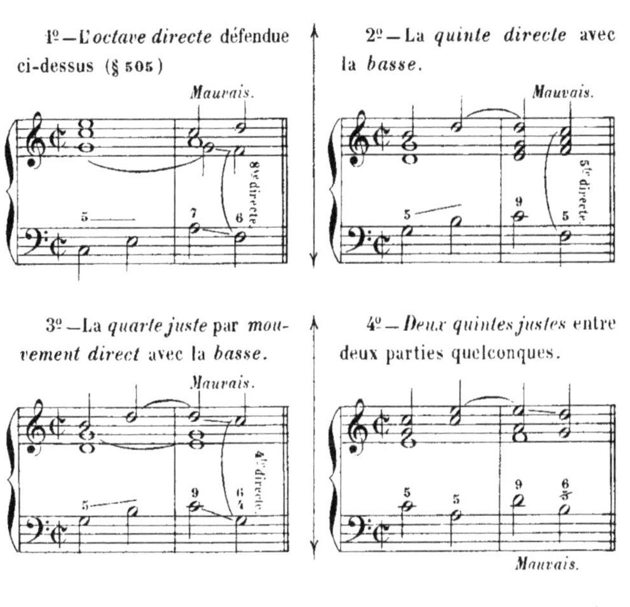

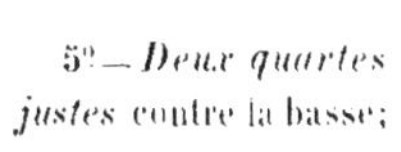

DE LA RÉSOLUTION DU RETARD

§ **507.**—La *résolution* d'un retard est dite *naturelle*, quand elle se fait *sans changement d'accord*; elle est dite *exceptionnelle* lorsque l'*accord change* au moment où elle s'effectue.

§ **508.**—Aucun changement d'accord ne doit empêcher la *résolution d'un retard* de suivre sa *direction normale*.

Le mouvement résolutif peut être d'*un ton* au lieu d'être d'*un demi-ton*, et *vice-versa*, on peut *différer* ce mouvement. mais il faut qu'il ait lieu; sans quoi le retard perdrait absolument son caractère.(*)

§ **509.**—En résumé, les *résolutions exceptionnelles* des *accords avec retards* ne concernent point les *retards eux-mêmes*, mais, seulement, l'*enchaînement de ces accords* avec ceux qui les suivent.

DES QUINTES et des OCTAVES RETARDÉES

§ **510.**—Deux *quintes justes*. ou surtout *deux octaves consécutives* ne sont pas, en général, suffisamment corrigées par le *retard* de l'une des notes formant ces intervalles.

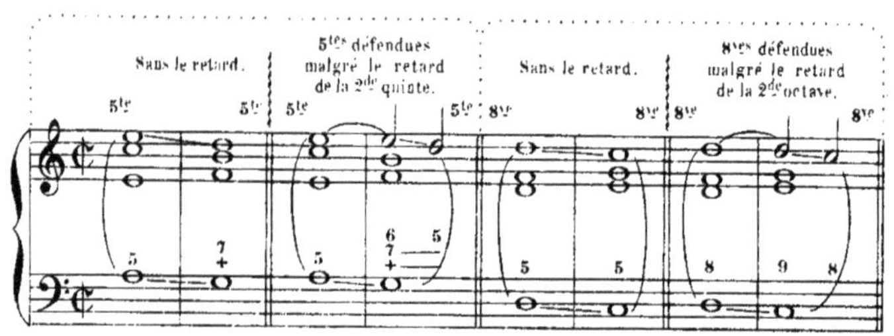

Des RETARDS DISSONANTS SUPÉRIEURS SIMPLES
praticables dans les accords de trois sons
fondamentaux ou renversés

Ce sont:

1º — Le *retard de la fondamentale* par le *degré supérieur;*

2º — Le *retard de la tierce* de la fondamentale *par la quarte;*

3º — Le *retard de l'octave* de la fondamentale *par la neuvième;*

4º — Le *retard de l'octave par la neuvième* dans les accords de *sixte* et de *quarte et sixte.*

§ **511.**—Tous ces retards doivent se *résoudre* en *descendant d'un degré.*

Ils sont praticables. aux conditions stipulées (§§ 499 à 501) *dans toutes les parties*, à l'état *fondamental ou renversé*, à l'exception du *retard de l'octave* qui ne peut être placé à la *basse.*

(*) Traité complet (§ 1180) — Les *pédales* produisent parfois des *agrégations semblables* à celles qui résultent de *certains retards*. Cela pourrait faire croire à la *non-résolution de ces retards* qui, en réalité, n'en sont point.

RETARD SUPÉRIEUR de la FONDAMENTALE

§ **512.**—Le retard supérieur de la fondamentale des accords de trois sons produit, momentané-ment, les *accords artificiels* suivants:

1º — à L'ÉTAT FONDAMENTAL
ACCORDS DE SECONDE ET QUARTE
ou
RETARD de la BASSE
dans l'accord parfait majeur, l'accord parfait mineur et l'accord de quinte diminuée.

On chiffre ces accords par $\frac{4}{2}$ (avec leur résolution naturelle: $\frac{4-}{2-}$)

2º — à l'ÉTAT de PREMIER RENVERSEMENT
RETARD de la SIXTE
par la Septième, dans les accords de Sixte.

On chiffre ces accords par **7**

(avec leur résolution naturelle: 7 6)

3º — à l'ÉTAT de SECOND RENVERSEMENT
RETARD de la QUARTE
par la Quinte dans les accords de Quarte et Sixte.

On chiffre ces accords par $\frac{6}{5}$ ou $\frac{6}{5}$

(Avec leur résolution naturelle $\frac{6-}{5\ 4}$.
Le zéro indique qu'il ne faut pas de tierce.)

SUPPRESSION DE NOTES

§ **513.**—En général, il ne faut supprimer *aucune note* de ces accords, dès qu'on a *trois parties*.

ADJONCTION D'UNE SIXTE
à l'accord de Seconde et Quarte

§ **514.**—L'accord de *seconde et quarte*, n'étant qu'un *accord parfait* ou un *accord de quinte di-minuée* dont la basse est retardée, ne se compose que de *trois sons*.

Cependant, sa réalisation à *quatre par-ties* présentant souvent des difficultés, il est d'usage, pour sortir d'embarras, d'y introduire une *sixte* comme *retard inférieur de l'octave*; on obtient ainsi un accord de *quatre sons*, d'une réalisation plus facile.

ADJONCTION D'UNE QUINTE
à l'accord de Septième retardant la Sixte

§ 515.—La *sixte*, introduite dans un accord de *seconde et quarte*, produit, dans le *premier renversement*, un *second retard* de la *sixte* par la *quinte*.

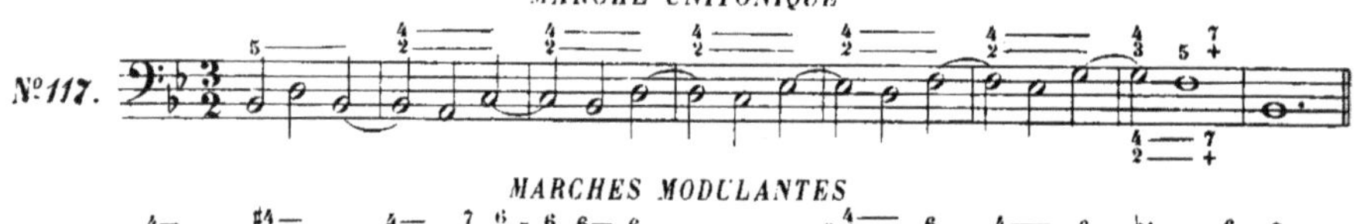

RÉALISATION des ACCORDS de 3 SONS FONDAMENTAUX
avec retard de la fondamentale

NOTES SUSCEPTIBLES de REDOUBLEMENT

1º—*La SECONDE*; 2º—*La QUARTE*
selon le degré que ces notes occupent dans la gamme.

EXERCICES
Réaliser les marches suivantes à 3 et à 4 parties.

MARCHE UNITONIQUE

Nº 117.

MARCHES MODULANTES

EMPLOI des ACCORDS de SECONDE et QUARTE sur une BASSE DONNÉE
RÉSOLUTION NATURELLE

§ 516.—Toute note de basse, *préparée et descendant d'un degré du temps fort au temps faible*, peut être considérée comme étant le *retard supérieur* de la note sur laquelle elle descend.

§ 517.—*Cette première note* peut porter un accord de *seconde et quarte* sur le *temps fort*, après préparation, chaque fois que *sa note de résolution* est susceptible de recevoir un accord de trois sons à l'état fondamental.

LEÇON pour l'EMPLOI du RETARD de la BASSE
dans les accords de *trois sons fondamentaux*.
Chiffrer et *réaliser*, alternativement, à 3 et à 4 parties.

Nº 117 bis.

RÉALISATION des ACCORDS de SIXTE
avec retard de la Sixte par la Septième

NOTES SUSCEPTIBLES de REDOUBLEMENT

1º — *La BASSE;* 2º — *La TIERCE*
selon le degré que ces notes occupent dans la gamme.

EXERCICES

Réaliser les marches suivantes avec le *nombre de parties* indiqué en tête de chacune d'elles.

MARCHES UNITONIQUES

N.º *118.*

EMPLOI
du retard de la Sixte par la Septième
dans les Accords de Sixte sur une basse donnée

§ **518.** — La *septième retardant la sixte* peut s'employer sur toute note de basse à laquelle conviendrait l'accord de sixte, pourvu que l'accord précédent permette la *préparation de la septième*, et que celle-ci puisse être résolue régulièrement. (Les limites que nous impose le cadre de cet ouvrage ne nous permettent pas de donner les dispositions spéciales à l'accord de Sixte du 1.er degré en mineur qui fait l'objet du § 887 du Cours Complet.)

BASSE DONNÉE pour l'*EMPLOI* du *RETARD* de la 6.te par la 7.me
dans les *accords de sixte*
en
RÉSOLUTION NATURELLE
(*Chiffrer* et *réaliser* alternativement à 3 et à 4 parties.)

N.º *119.*

RÉALISATION des ACCORDS de QUARTE et SIXTE
avec retard de la Quarte par la Quinte

NOTES SUSCEPTIBLES de REDOUBLEMENT
dans les seconds renversements d'accords parfaits:

1º—*La BASSE;* 2º—à la rigueur *La SIXTE*
(à moins qu'elle ne soit note sensible.)

dans l'accord de Quarte augmentée et Sixte:
La SIXTE SEULEMENT

EXERCICES
MARCHE A 4 PARTIES

LEÇON A 4 PARTIES

EMPLOI du RETARD de la QUARTE par la QUINTE
dans les Accords de Quarte et Sixte

§ 519.—Ce *retard* est fort usité sur la *dominante,* dans les *formules de cadences.*

§ 520.—On peut, d'ailleurs, l'employer sur un *degré quel-conque* pouvant porter un accord de *quarte et sixte,* dès que la *quinte,* retard de la quarte, peut être *préparée* et *résolue* régu-lièrement.

LEÇON A 4 PARTIES
pour l'emploi de l'accord de quarte et sixte sur la *dominante*
avec *retard de la quarte par la quinte.*

DU CHANT DONNÉ
pour l'emploi des retards

§ **521.**—*Toute note du chant,* qui, après avoir été *préparée, descend d'un degré,* du temps fort au temps faible (*) peut être considérée comme étant le *retard supérieur* de la note sur laquelle elle descend.

§ **522.**—Il est vrai que, dans certains cas, on peut traiter en *septième ajoutée* une note se présentant dans les mêmes conditions de *préparation* et de *résolution.*

C'est, principalement, *à la tonique descendant d'un degré* qu'on peut appliquer ce second mode d'emploi aussi bien que le premier.

En effet, la *tonique* ainsi *préparée* et *résolue* peut remplir, tour-à-tour, les *fonctions* suivantes:

1º—*Retard de la tierce* dans l'un des *accords fondamentaux* établis sur la *dominante.*

2º—*Retard de la sixte* sur le 2me degré portant l'un des accords de *sixte,* de *quarte et sixte,* ou de *sixte sensible.*

3º—*Retard de la quarte augmentée* sur le 4me degré portant *quarte augmentée et sixte* ou accord de *triton.*

4º—*Septième ajoutée par prolongation* sur le 2me degré, ou son 1er renversement, l'accord de *quinte et sixte* du 4me, ou, bien plus rarement, son 2me renversement.

(*) Se rappeler que, dans les mesures à *trois temps,* le *retard,* préparé au 1er temps, peut occuper le 2me et se résoudre au 3me

§ **523.**—*Toute autre note que la tonique*, se présentant dans les mêmes conditions de *pré-paration* et de *résolution*, doit être le plus souvent traitée en *retard* plutôt qu'en *septième ajou-tée;* à moins, cependant, qu'elle ne fasse partie d'une *série de syncopes descendantes,* auquel cas, chaque *note syncopée* peut être considérée, à volonté, comme *septième ajoutée* ou comme *retard supérieur* de la note qui lui succède.

CHANTS DONNÉS

pour l'emploi du retard de la Sixte par la Septième dans les accords de Sixte

et de celui de la Quarte par la Quinte

dans l'accord de Quarte et Sixte du 5me degré.

RETARD de la TIERCE par la QUARTE
dans les accords de trois sons

§ **524.**—Le *retard de la tierce* par la *quarte*, dans les accords de *trois sons*, produit, momentanément, les *accords artificiels* suivants :

1º—à l'ÉTAT FONDAMENTAL :
ACCORD de QUARTE et QUINTE
ou
RETARD de la TIERCE
dans l'accord parfait majeur, l'accord parfait mineur,
et l'accord de quinte diminuée.

On chiffre ces accords par $\frac{5}{4}$ ou $\frac{5}{4}$ (avec leur résolution naturelle : $\frac{5}{4}\,{}_3$ ou $\frac{5}{4}\,{}_3$)

2º—à l'ÉTAT de PREMIER RENVERSEMENT
ACCORDS de SECONDE et QUINTE
ou
RETARD de la BASSE
dans les accords de sixte.

On chiffre ces accords par $\frac{5}{2}$
(avec leur résolution naturelle : $\frac{5}{2}$)

3º—à l'ÉTAT de SECOND RENVERSEMENT
ACCORDS de QUARTE et SEPTIÈME
ou
RETARD de la SIXTE
dans les accords de quarte et sixte.

On chiffre ces accords par $\frac{7}{4}$
(avec leur résolution naturelle : $\frac{7}{4}\,{}^6$)

SUPPRESSION DE NOTES

§ **525.**—En général, il ne faut *rien supprimer* de ces accords dès qu'on a *trois parties.*

RÉALISATION des ACCORDS de 3 SONS FONDAMENTAUX
avec retard de la Tierce par la Quarte

NOTES SUSCEPTIBLES de REDOUBLEMENT

1º—La BASSE; 2º—La QUINTE JUSTE

§ **526.**—*NOTA.—La quinte diminuée ne se double jamais*, qu'il y ait retard ou non.

§ **527.**—On *ne double pas* non plus la *note sensible du mode mineur* portant accord de quinte diminuée avec retard de la tierce.

EMPLOI du RETARD de la TIERCE par la QUARTE
dans les Accords de trois sons fondamentaux

§ 528. — *Le retard de la tierce* par la *quarte* peut se pratiquer *sur toute note de basse* à laquelle conviendrait l'un des accords de trois sons fondamentaux, pourvu que l'accord précédent permette la *préparation de la quarte*, et que celle-ci puisse être *résolue régulièrement*.

Ce retard est fort usité sur la *dominante*, et parfois aussi sur la *tonique*, **dans les cadences.**

EXERCICES

Réaliser à quatre parties, toutes les *formules de cadences* qui suivent;
et à trois parties, celles qui se prêtent à cette réalisation.
Désigner la *nature de chaque cadence.*

MARCHES UNITONIQUES
à compléter et *réaliser.*

N° 124.

MARCHES MODULANTES

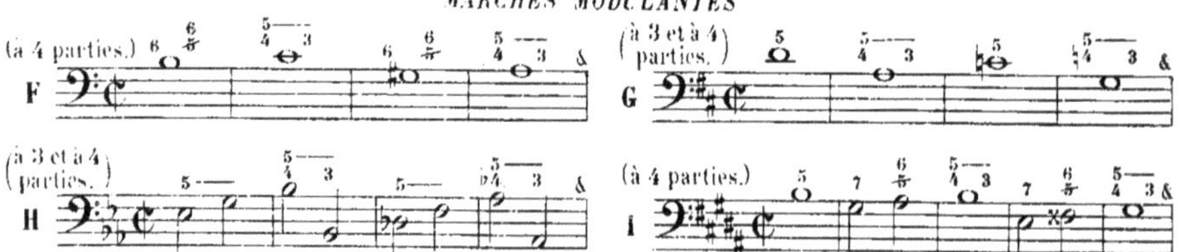

BASSE DONNÉE
qu'on devra chiffrer et réaliser à quatre parties.

N° 125.

RÉALISATION des ACCORDS de SECONDE et QUINTE
résultant du retard de la basse
dans les Accords de Sixte

NOTES SUSCEPTIBLES de REDOUBLEMENT

La SECONDE ou la QUINTE

§ **529.**—*EXCEPTION.—Ne pas doubler la quinte du 3ᵐᵉ degré retardant la basse* dans l'accord *de sixte du 2ᵐᵉ degré*, lorsque celui-ci est *suivi de l'accord de tonique.*

EXERCICES

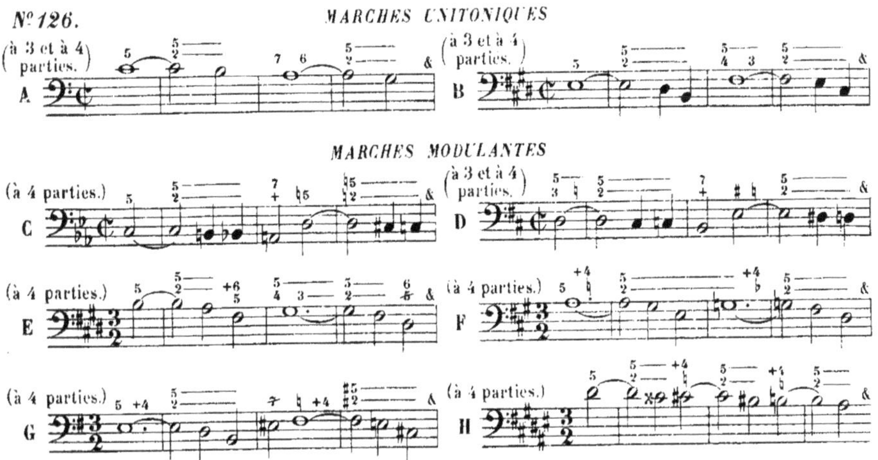

EMPLOI du RETARD de la BASSE
dans les Accords de Sixte

§ **530.**—*Toute note de basse préparée et descendant d'un degré du temps fort* au *temps faible,* peut porter un accord de *seconde et quinte* sur le *temps fort,* après préparation, chaque fois que sa *note de résolution* est susceptible de porter un *accord de sixte.*

Au reste, ce retard est, relativement, peu usité; à cause du *vide harmonique* des parties supérieures, qui sont en relation de *quarte* ou de *quinte.*

BASSE DONNÉE
(Chiffrer et réaliser à quatre parties.)

RÉALISATION des ACCORDS de QUARTE et SEPTIÈME
résultant du retard de la Sixte
dans les Accords de Quarte et Sixte

NOTES SUSCEPTIBLES de REDOUBLEMENT

1º—La BASSE; 2º—La QUARTE

§ 531.—*NOTA.*—L'accord de *quarte augmentée et sixte* du *4ᵐᵉ* degré ne permettant ni le redoublement de la basse ni celui de la quarte, *ne peut se faire qu'à 3 parties,* lorsqu'on en retarde la sixte.

MARCHES D'HARMONIE

Marche dont les parties supérieures se font sans symétrie.

EMPLOI du RETARD de la SIXTE
par la Septième dans les Accords de Quarte et Sixte

§ 532.—Ce retard se fait, principalement, sur la *dominante* dans les *formules de cadences.*

On peut, d'ailleurs, l'employer sur *un degré quelconque* pouvant porter un *accord de quarte et six-te,* dès que la septième, retard de la sixte, peut être *préparée* et *résolue régulièrement.*

BASSE DONNÉE

CHANT DONNÉ
pour l'emploi du retard de la 3ᶜᵉ par la 4ᵗᵉ dans les accords de 3 sons et leurs renversements.

RETARD de l'OCTAVE par la NEUVIÈME

§ 533.—Ce retard échappe à la règle qui défend de faire entendre la note retardée pendant la durée du retard. (§ 504)

Il en résulte cette particularité, qu'il *ajoute un son* à l'accord simple; c'est le seul retard qui soit dans ce cas.

(a) Se rappeler que le *redoublement d'une note* n'ajoute rien à la constitution d'un accord. (§ 50)

RETARD de la FONDAMENTALE DOUBLÉE

§ 534.—C'est surtout comme *retard de la fondamentale doublée* qu'on emploie la *neuvième retardant l'octave*.

Ce retard produit, à l'*état fondamental*, un accord composé de *tierce, quinte et neuvième*.

On l'appelle, selon le cas:

Retard de l'octave
- dans l'accord *parfait majeur*,
- dans l'accord *parfait mineur*,
- dans l'accord de *quinte diminuée*.

On le chiffre par **9** ou $\frac{9}{5}$ (avec sa résolution naturelle, 9 8 ou $\frac{9}{5}\frac{8}{}$)

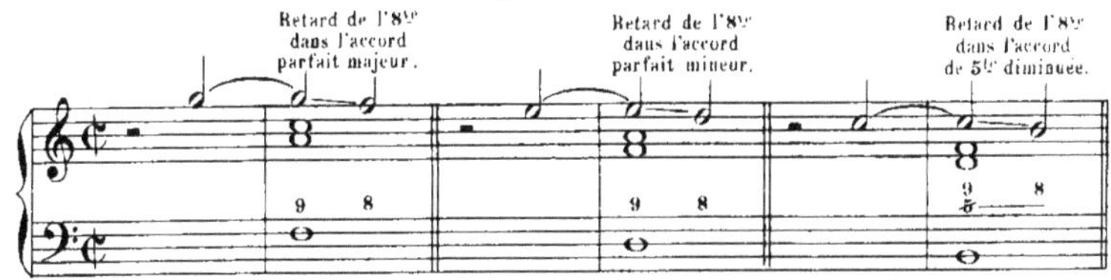

SUPPRESSION de la QUINTE

§ 535.—On peut, au besoin, *retrancher la quinte* d'un accord de *trois sons fondamental* avec *retard de l'octave;* et, si l'on veut *quatre parties*, on en *double* alors la *tierce*.

DISPOSITION des ACCORDS de TROIS SONS
avec retard de l'Octave par la Neuvième

§ 536.—Les *deux notes en rapport de neuvième* dans le retard de l'octave ne doivent être, en aucun cas, *rapprochées* à *distance de seconde*.

EXERCICES

Terminer et réaliser les *marches d'harmonie* suivantes.

MARCHES UNITONIQUES

N° 131.

(à 3 et à 4 parties.)
A
5
9 8
5
9 8 &

(à 4 parties.)
B
5
7 6
9 8
7 6 &

EMPLOI de la NEUVIÈME RETARDANT l'OCTAVE
dans les accords de trois sons fondamentaux

§ **537.**—Le retard de l'octave par la neuvième peut se pratiquer sur *tous les degrés du mode majeur;* mais il ne se fait sur le 7me *degré* que dans les *marches unitoniques,* et très rarement encore.

§ **538.**—En *mineur,* il ne s'emploie *jamais sur la note sensible,* et ne peut se pratiquer, sur le 6me *degré,* qu'en se servant de la *gamme mineure descendante* 2de *forme.* (Voir la marche F qui précède.)

§ **539.**—L'*octave* ne peut servir de préparation au *retard* d'une *autre octave,* parce qu'il en résulterait *deux octaves consécutives,* la 2me *étant seulement retardée.* (§ 540)

En conséquence, *aucune note de basse* précédée de *son degré supérieur* ne peut porter la neuvième retardant l'octave.

(*) *Le chiffrage inférieur convient à l'écriture à trois parties,* dans ces trois dernières marches ainsi que dans la marche D.

RETARD de l'OCTAVE par la NEUVIÈME
dans les Accords de Sixte

§ 540.—Ce retard produit, momentanément, un accord de *tierce, sixte et neuvième*.

On le chiffre par $\frac{9}{6}$ (avec sa résolution naturelle $\frac{9\ 8}{6\ -}$)

RETARD de l'OCTAVE par la NEUVIÈME
dans les Accords de Quarte et Sixte

§ 541.—Ce retard produit, momentanément, un accord de *quarte, sixte et neuvième*.

On le chiffre par $\frac{9}{6}{4}$ (avec sa résolution naturelle $\frac{9\ 8}{6\ -}{4\ -}$)

RÉALISATION
des Accords de Sixte et de Quarte et Sixte
avec retard de l'Octave par la Neuvième

§ 542.—Il n'y a pas lieu de *doubler* ni de *supprimer* aucune note de ces accords, *pendant la durée du retard*, dans l'écriture à 4 parties. (Voir tous les exemples précédents.)

§ 543.—Quand le *retard de l'octave* d'un *accord de sixte* est placé à la *partie supérieure*, il entraîne par sa résolution le *redoublement* de la *basse* à cette partie.

Ce *redoublement* est *permis* en pareil cas. Il arrive, d'ailleurs, au *temps faible*, après l'attaque de la basse; et se trouve, dès lors, dans les conditions prévues par le **§ 166**.

LEÇONS A QUATRE PARTIES
RETARD de l'OCTAVE par la NEUVIÈME
dans les *accords de sixte*.

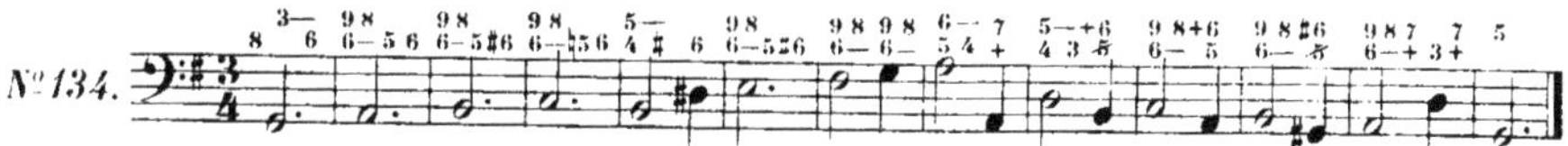

RETARD de l'OCTAVE par la NEUVIÈME
dans les *accords de sixte* et de *quarte et sixte*.

DES RETARDS SIMULTANÉS

§ **544.**—On a vu, par ce qui précède, qu'on peut *retarder* dans un *même accord*, tantôt *une note*, tantôt *une autre*.

Ainsi, dans un *accord fondamental*, on *retarde* parfois la *tierce*, parfois l'*octave*; dans un accord de *quarte et sixte*, on *retarde* ou *la quarte* ou *la sixte* ou l'*octave*, etc...

Parmi ces *retards*, que l'on peut faire ainsi *isolément*, il en est qui peuvent être faits *simultanément*.

§ **545.**—*Deux retards* ayant une *résolution uniforme*, comme *deux retards supérieurs* ou *deux retards inférieurs*, ne doivent s'employer *simultanément*, que s'ils sont à la *tierce* ou à la *sixte* l'un de l'autre. (Il est bien entendu que ces *intervalles* peuvent être *redoublés*.)

§ **546.**—Le *retard de l'octave par la neuvième* est celui qui, dans les accords de trois sons, est *associé* le plus souvent à d'autres *retards*.

En effet, les *retards simultanés* les plus usités dans ces accords sont:

1º—A l'*état fondamental*, le *retard de la tierce par la quarte* et celui de l'octave par la *neuvième:* (ce double retard s'accompagne d'*une quinte* et se chiffre par $\frac{9}{4}$ ou $\frac{9}{4}_{5}$; avec sa résolution naturelle : $\frac{9\,8}{4\,3}$ ou $\frac{9\,8}{4\,3}$)

2º—A l'*état de 1er renversement*, le *retard de la sixte par la septième* et celui de l'octave par *la neuvième*.(Ce double retard s'accompagne d'*une tierce* et se chiffre par $\frac{9}{7}$; avec sa résolution naturelle: $\frac{9\,8}{7\,6}$)

3º—A l'*état de 2me renversement*, le *retard de la sixte par la septième* et, toujours, celui de l'octave par *la neuvième*.(Ce double retard s'accompagne d'une *quarte* et se chiffre par $\frac{9}{7}_{4}$ avec sa résolution naturelle: $\frac{9\,8}{7\,6}$)

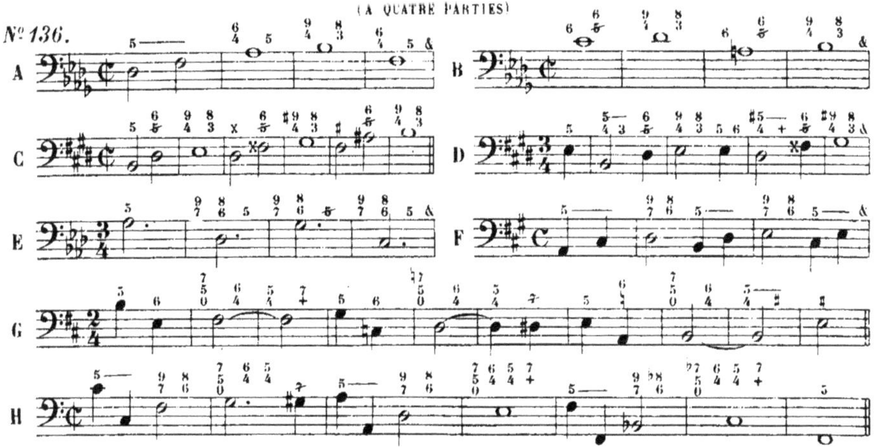

RETARD de la TIERCE par la QUARTE
dans l'Accord de Septième de Dominante et ses renversements.

§ 547.—Le *retard de la tierce par la quarte*, dans l'accord de *septième de dominante*, produit, momentanément, les *accords artificiels* suivants:

1º—à l'ÉTAT FONDAMENTAL
Un ACCORD de 4.te JUSTE, 5.te JUSTE et 7.me MINEURE
ou
RETARD de la TIERCE
dans l'accord de 7.me de dominante fondamental.

On chiffre cet accord par $\frac{7}{5}$ (avec sa résolution naturelle $\frac{7}{4+}$)

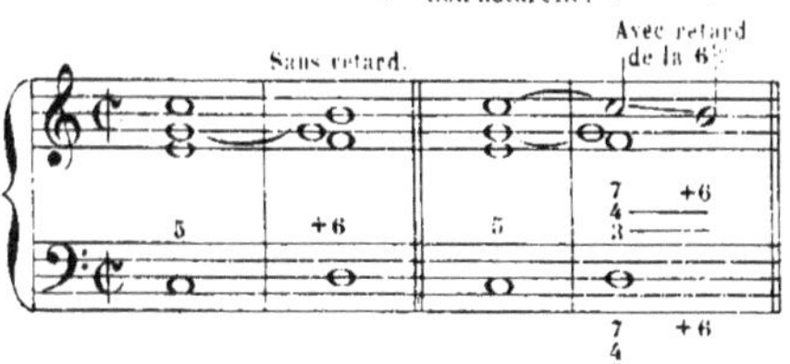

2º—à l'ÉTAT de PREMIER RENVERSEMENT
Un ACCORD de 2.de MAJEURE, 4.te JUSTE et 5.te JUSTE
ou
RETARD de la BASSE
dans l'accord de 5.te diminuée et 6.te.

On chiffre cet accord par $\frac{5}{4}$ (avec sa résolution naturelle $\frac{5}{2}$)

Sans retard.
Avec retard de la basse.

3º—à l'ÉTAT de DEUXIÈME RENVERSEMENT
Un ACCORD de 3.ce MINEURE, 4.te JUSTE et 7.me MINEURE
ou
RETARD de la SIXTE
dans l'accord de sixte sensible.

On chiffre cet accord par $\frac{7}{4}$ (avec sa résolution naturelle $\frac{7+6}{3}$ ou $\frac{7}{3}+6$)

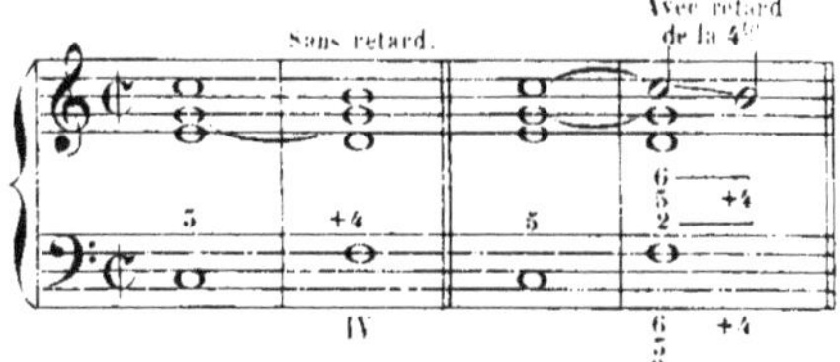

4º—à l'ÉTAT de TROISIÈME RENVERSEMENT
Un ACCORD de 2.de MAJEURE, 5.te JUSTE et 6.te MAJEURE
ou
RETARD de la QUARTE AUGMENTÉE
dans l'accord de triton.

On chiffre cet accord par $\frac{6}{5}$ (avec sa résolution naturelle $\frac{6+4}{2}$ ou $\frac{6}{2}+4$)

Sans retard.
Avec retard de la 4.te

RÉALISATION
de l'Accord de Septième de Dominante fondamental ou renversé
avec retard de la Tierce de la fondamentale par son degré supérieur.

SUPPRESSION et REDOUBLEMENT de NOTES

§ 548. — En général, il ne faut *rien supprimer* de ces accords, dans l'écriture à *4 parties;* et, dès lors, il n'y a pas lieu d'en doubler aucune note.

EXERCICES

Réaliser les leçons suivantes avec le *nombre de parties* indiqué.

MARCHES D'HARMONIE
ACCORD FONDAMENTAL

EMPLOI du RETARD de la TIERCE par la QUARTE
dans l'Accord de Septième de Dominante et ses renversements

§ **549.**—On peut toujours pratiquer *ce retard* dans un accord de *septième de dominante* fondamental ou renversé, pourvu que l'accord précédent permette de le *préparer*, et qu'on puisse le *résoudre régulièrement* soit en *descendant d'un demi-ton diatonique* (résolution naturelle), soit en descendant d'un *demi-ton diatonique* ou *chromatique* ou bien *d'un ton* (résolutions exceptionnelles).

§ **550.**—On pratique, fréquemment, dans les *cadences parfaite, rompue et évitée*, le *retard de la tierce par la quarte* dans l'accord de *septième de dominante fondamental*, employé comme avant-dernier accord de ces cadences.

Ce *retard* est usité aussi, à l'état de *renversement* dans les *cadences imparfaites* et les *cadences évitées*.

RETARD de la TIERCE par la QUARTE
dans les Accords de Septième de Sensible des deux modes et leurs renversements

§ **551.**—Ce *retard* est *peu usité* dans l'accord de *septième de sensible* du *mode majeur*, surtout à *l'état renversé*.

Pourtant, à *l'état fondamental* et à celui de *2d renversement*, son effet est *bon*, si l'on peut, outre le retard, *préparer* la *septième* de la fondamentale.

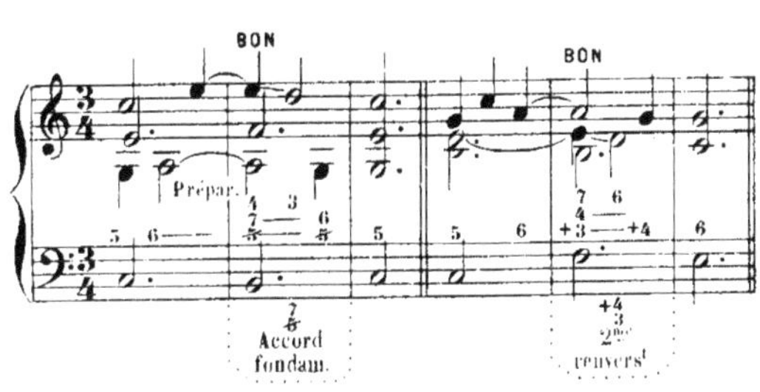

§ **552.**—Le *retard de la tierce* par la *quarte* est, au contraire, *fort usité* dans l'accord de *septième diminuée* et ses *renversements*.

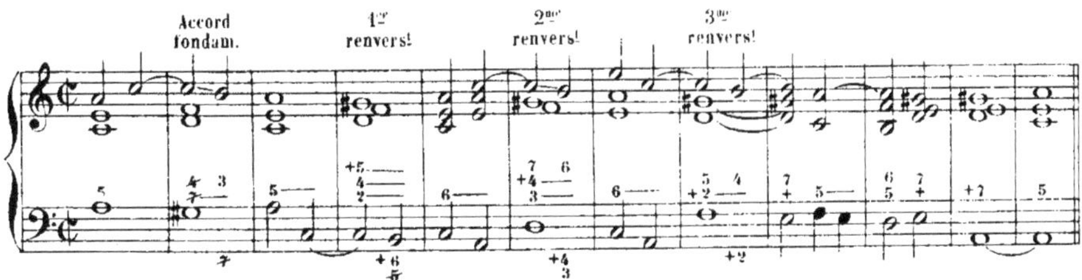

§ **553.**—Le *retard de la tierce* dans les accords de *septième de sensible* des deux modes doit, le plus souvent, être placé à la *partie supérieure*.

Néanmoins, lorsque ces accords sont à l'état de *2ᵐᵉ* ou *3ᵐᵉ renversement*, on peut le mettre à l'une des *parties intermédiaires*.

Employé dans leur *1ᵉʳ renversement*, il occupe nécessairement la partie de *basse*. (Voir les exemples ci-dessus)

MARCHES D'HARMONIE

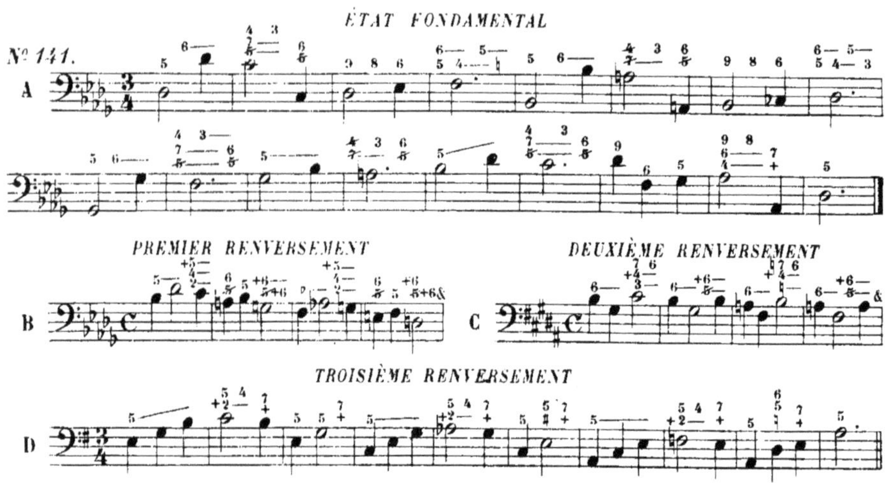

ALTÉRATIONS

qui introduites dans les accords, y produisent des dissonances, indépendamment de celles qu'ils pouvaient déjà contenir, et fournissent des agrégations spéciales.

NOTIONS GÉNÉRALES

§ **554.**—Les *intervalles dissonants* qui résultent de l'emploi des *altérations* dont il est question dans les chapitres suivants sont :

RÉSOLUTION
des notes formant les dissonances artificielles
qui sont produites par l'altération d'une ou de plusieurs notes dans les accords

§ **555.**—La résolution *ascendante* des *altérations supérieures*, la résolution *descendante des altérations inférieures*, déjà *nécessaires* lorsque ces altérations ne produisaient que des *intervalles consonants*, (§ 305) ces *résolutions*, disons-nous, sont plus *impérieusement réclamées* par les *altérations dissonantes*.

§ **556.**—De plus, ces altérations *entraînent* souvent la *résolution forcée*, en sens inverse, des *notes* avec lesquelles elles forment des intervalles *diminués* ou *augmentés*.

(En effet, il est bon d'observer, qu'en général, deux notes à *intervalle diminué* tendent à *se rapprocher*; et qu'au contraire, deux notes à *intervalle augmenté* tendent à *s'éloigner*.) (*)

PRÉPARATION DES ALTÉRATIONS (§307)

§ **557.**—Certaines altérations ne peuvent se passer de *préparation*; d'autres, au contraire, s'attaquent très bien *sans être préparées*.

Toutefois il est à remarquer que, dans la plupart des cas, les altérations *non-préparées* sont néanmoins prises par *demi-ton* et forment, pour ainsi dire, des sortes de *broderies*.

(*) Ce principe n'est pas applicable à la *quinte augmentée* dont la *note altérée* est *seule* assujettie à un mouvement obligé.

DISPOSITION
des accords contenant une ou plusieurs altérations dissonantes

RÈGLES GÉNÉRALES

§ **558.**—Lorsque, par le fait d'une ou de plusieurs altérations, un intervalle de *tierce diminuée* est produit entre deux des *notes supérieures* d'un accord, il est bien préférable de renverser cet intervalle; c'est-à-dire d'en disposer les deux notes en *sixte augmentée*.

On peut, cependant, placer, quelquefois, ces deux notes à la dixième.

Mais, sauf de très rares exceptions, on *doit éviter* entre elles l'intervalle simple de *tierce diminuée*, qui est souvent *dur*, et dont la résolution aboutit, nécessairement, à l'*unisson*.

§ **559.**—Quand l'intervalle de *tierce diminuée* se trouve de la *basse* à l'une des *parties supérieures*, celle-ci doit être portée à une *dixième*, au moins.

REDOUBLEMENT de NOTES dans les ACCORDS ALTÉRÉS

§ **560.**—On sait qu'il est de règle qu'*aucune note* ayant un *mouvement obligé ne doit être doublée*.

En conséquence, il est *défendu*, d'une manière générale, de *doubler* une *altération dissonante* quelconque, ainsi que toute autre note dont elle entraînerait la *résolution forcée*.

§ **561.**—Ces restrictions faites, on peut doubler, dans *les accords altérés*, toute autre note qui serait susceptible de redoublement dans les *mêmes accords non-altérés*. (Pour chaque accord consulter les exemples qui en seront donnés.)

SIMULTANÉITÉ de la NOTE ALTÉRÉE
et de la même note non-altérée

§ **562.**—Excepté lorsqu'il y a *altération de l'octave de la fondamentale*, on ne doit pas faire entendre à la fois la *note altérée* et la *même note non-altérée*.

ALTÉRATION ASCENDANTE de la QUINTE
dans l'accord parfait majeur

§ **563.**—Cette *altération* se fait *avec* ou *sans préparation.*

Elle produit les *accords artificiels* suivants:

ÉTAT FONDAMENTAL	PREMIER RENVERSEMENT	SECOND RENVERSEMENT
ACCORD	ACCORD	ACCORD
de 3ce MAJEURE et 5te AUGMENTÉE	de 3ce MAJEURE et 6te MINEURE	de 4te DIMINUÉE et 6te MINEURE

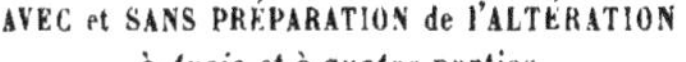

EXERCICES

Réaliser les marches suivantes

AVEC et SANS PRÉPARATION de l'ALTÉRATION

à *trois* et à *quatre* parties

Nº *142.*

ALTÉRATION DESCENDANTE de la QUINTE
dans l'accord parfait majeur

§ **564.**—Cette *altération* se fait *rarement sans être préparée.*

Elle produit les *accords artificiels* suivants:

ÉTAT FONDAMENTAL	PREMIER RENVERSEMENT	SECOND RENVERSEMENT
ACCORD	ACCORD	ACCORD
de 3ce MAJEURE et 5te DIMINUÉE	de 3ce DIMINUÉE et 6te MINEURE	de 4te AUGMENTÉE et 6te AUGMENTÉE

EXERCICES

Réaliser les marches suivantes à quatre parties.

ALTÉRATION PRÉPARÉE

LEÇONS

pour l'EMPLOI des ALTÉRATIONS ASCENDANTE et DESCENDANTE de la QUINTE
dans l'accord parfait majeur et ses renversements.

BASSE DONNÉE

ALTÉRATION ASCENDANTE de l'OCTAVE
dans l'accord parfait majeur

§ **565.**—Cette *altération* produit une dissonance d'*octave augmentée* avec la *fondamentale*, dont *elle ne doit*, en aucun cas, *être rapprochée* à distance de demi-ton.

On la place, le plus souvent, à la *partie supérieure;* mais, on peut aussi la mettre à la *2me partie*, et même, si l'on écrivait à *cinq* ou *six parties*, rien ne s'opposerait à ce qu'elle fut placée à la *3me*.

§ **565.**bis L'*altération ascendante de l'octave* doit toujours être *préparée*.

ÉTAT FONDAMENTAL

RÉSOLUTIONS NON-MODULANTES

EXERCICES

Réaliser les marches suivantes à quatre parties. (La première dans *deux positions*.)

ALTÉRATION PRÉPARÉE

BASSE DONNÉE

pour l'EMPLOI de l'ALTÉRATION ASCENDANTE de l'OCTAVE
dans l'accord parfait majeur.

(A chiffrer et réaliser à *quatre* parties.)

ALTÉRATION ASCENDANTE de la FONDAMENTALE
et altération descendante de la Tierce
dans l'accord parfait majeur.

§ **566.**—Cette *double altération* peut se passer de préparation; mais, le plus souvent on la *prépare*. Elle produit les *accords artificiels* suivants:

ÉTAT FONDAMENTAL	*PREMIER RENVERSEMENT*	*SECOND RENVERSEMENT*
ACCORD	ACCORD	ACCORD
de 3ce DIMINUÉE et 5te DIMINUÉE	de 3ce MAJEURE et 6te AUGMENTÉE	de 4te AUGMENTÉE et 6te MINEURE
§ **567.**—Cet accord s'emploie sur l'*altération ascendante* du 4me degré (mode majeur).	§ **568.**—Cet accord s'emploie sur l'*altération descendante* du 6me degré (mode majeur).	§ **569.**—Cet accord s'emploie (mais rarement),sur le 1er degré du mode majeur.

RÉSOLUTIONS NON-MODULANTES

EXERCICES

Marches d'harmonie à réaliser avec le nombre de parties indiqué.

ACCORD FONDAMENTAL
(A TROIS PARTIES)

PREMIER RENVERSEMENT
(A QUATRE PARTIES)

SECOND RENVERSEMENT

MÊMES ALTÉRATIONS NON-PRÉPARÉES
(A TROIS et à QUATRE PARTIES ALTERNATIVEMENT)

BASSE DONNÉE
pour l'emploi de l'*altération ascendante* de la *fondamentale* et de l'*altération descendante*
de la *tierce* dans l'*accord parfait majeur.*

ALTÉRATION ASCENDANTE de la FONDAMENTALE
dans l'accord parfait mineur et ses renversements

§ **570.**—Cette altération peut se faire *sans être préparée,* surtout à l'état de *premier renversement.*

RÉSOLUTION sur l'ACCORD PARFAIT du 5ᵐᵉ DEGRÉ FONDAMENTAL ou RENVERSÉ

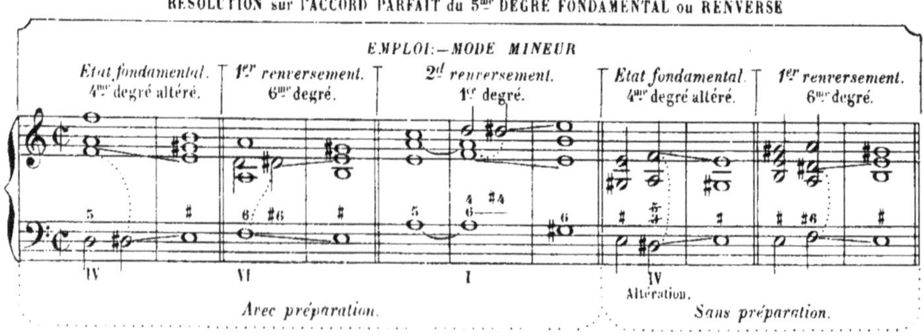

§ **571.**—Comme on le voit, par les exemples précédents, les notes qu'on peut *doubler* dans cet *accord altéré* sont: 1° La *tierce* de l'accord *fondamental* et celle du *premier renversement;* — 2° La *basse* du *second renversement.*

Mais lorsque, étant employé à l'*état fondamental,* il fait sa résolution sur l'accord de *quarte et sixte* de la dominante, on peut en *doubler la quinte* de même que la *tierce.*

Dans tous ces redoublements, l'*une des notes doublées* ne peut effectuer sa résolution normale.

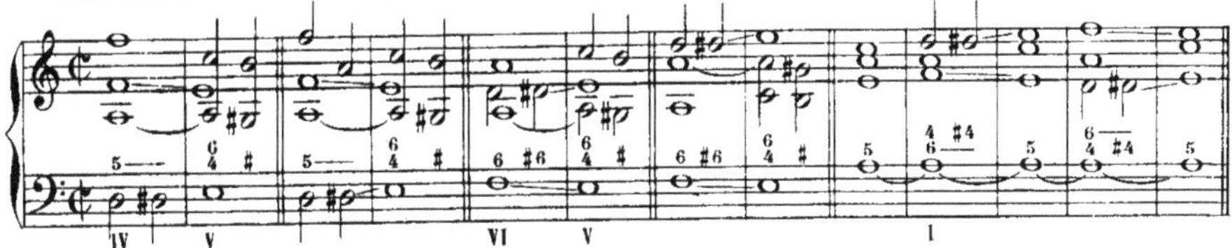

EXERCICES

Réaliser les *marches* suivantes à *quatre parties.*

ALTÉRATION ASCENDANTE de la QUINTE
dans l'accord parfait mineur et ses renversements

§ **572.**—Cette *altération* se fait *rarement sans être préparée.*

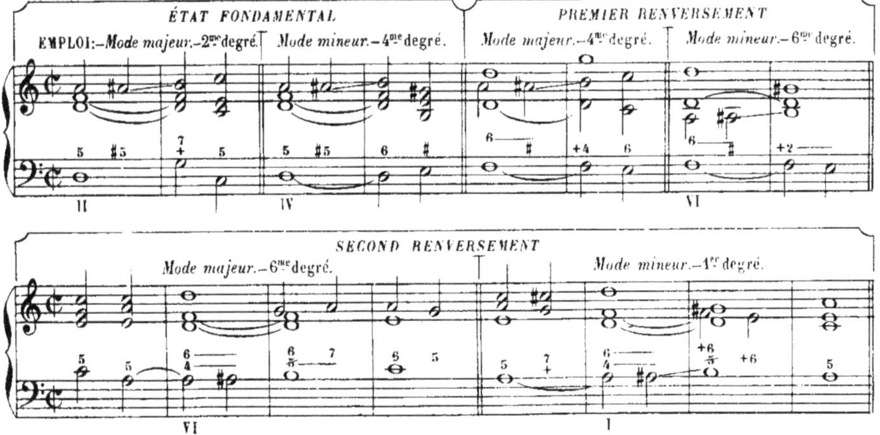

EXERCICES

Réaliser les *marches* suivantes à *quatre parties*.

ALTÉRATION ASCENDANTE de l'OCTAVE
dans l'accord parfait mineur

§ **573.**—Cette *altération* n'est guère usitée qu'à l'*état fondamental*.

EXERCICES A QUATRE PARTIES

N.º 151.

ALTÉRATION DESCENDANTE de la FONDAMENTALE
dans l'accord parfait mineur

§ **574.**—Cette *altération* se fait *rarement sans être préparée*.

EXERCICES A QUATRE PARTIES

N.º 152.

ALTÉRATION ASCENDANTE de la TIERCE
dans l'accord de Quinte diminuée

§ **575.**—Employée sur le *2me degré du mode mineur*, cette altération *peut se passer de préparation*; mais sur le *7me degré du mode majeur* on la fait *rarement sans être préparée*.

ÉTAT FONDAMENTAL

PREMIER RENVERSEMENT

EMPLOI
sur l'*altération ascendante* du *4me degré*
(Mode mineur)
laquelle *ne se fait guère sans préparation*.

SECOND RENVERSEMENT

EMPLOI
sur le 6me degré du *mode mineur* descendant au 5me
(L'altération *peut se faire ici sans être préparée*)

EXERCICES A QUATRE PARTIES

ALTÉRATION ASCENDANTE de la QUINTE
dans l'accord de Septième de Dominante

§ **576.**—Cette altération *se prépare généralement;* cependant, on peut la faire *sans préparation,* si ce n'est à l'état de *deuxième renversement* où la préparation est *tout-à-fait nécessaire.*

ALTÉRATION DESCENDANTE de la QUINTE
dans l'accord de Septième de Dominante

§ **577.**— Cette altération *peut se faire sans être préparée;* mais, le plus souvent, *on la prépare.*

ALTÉRATION ASCENDANTE de l'OCTAVE
dans l'accord de Septième de Dominante

§ **578.**—Cette altération *ne peut se faire sans être préparée.*

(Son application dans les renversements n'a pu trouver sa place dans cet Abrégé: Nous l'avons réservée pour le Cours Complet p.448.)

EXERCICES A QUATRE PARTIES
MARCHES D'HARMONIE

ALTÉRATION ASCENDANTE de la QUINTE
dans l'accord de septième de dominante et ses *renversements.*

ALTÉRATION DESCENDANTE de la QUINTE
dans l'accord de *septième de dominante et ses renversements.*

ALTÉRATION ASCENDANTE de l'OCTAVE
dans l'accord de *septième de dominante.*

LEÇON A QUATRE PARTIES

ALTÉRATION DESCENDANTE de la TIERCE
dans l'accord de Septième diminuée

§ 579.—En général, *cette altération doit être préparée.* Cependant, on peut *l'attaquer* sans préparation à *l'état fondamental.*

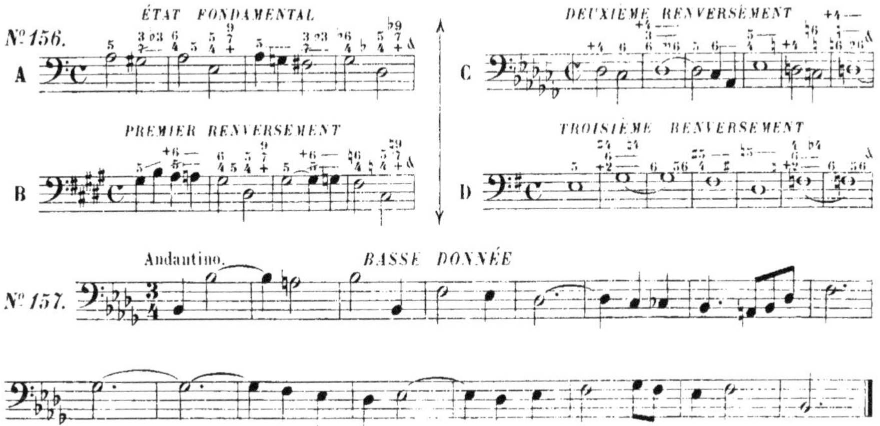

EXERCICES A QUATRE PARTIES
MARCHES D'HARMONIE

ALTÉRATION ASCENDANTE de la FONDAMENTALE
dans l'accord de Septième mineure
placé sur le 4ᵐᵉ degré du mode mineur et ses renversements

§ **580.**—Cette altération peut se faire *avec* ou *sans* préparation.
On l'emploie, le plus souvent, à l'*état fondamental* ou de *premier renversement.*

§ **581.**—On peut aussi attaquer *sans préparation* la 7ᵐᵉ de cet accord altéré, parce que
l'altération ascendante de la fondamentale la
transforme en *septième diminuée.*

MARCHES A QUATRE PARTIES

ALTÉRATION ASCENDANTE de la TIERCE
dans l'Accord de Septième mineure et Quinte diminuée (2ᵈ degré, mode mineur)

LEÇON A QUATRE PARTIES

DES PÉDALES

§ 582.—On nomme *Pédale* (*) un *son soutenu* ou *répété* avec persistance, pendant la durée duquel on fait entendre *différents accords* dont quelques-uns peuvent lui être *étrangers*, non-seulement *comme agrégations* mais encore *comme tonalité.*

§ 583.—C'est cette faculté d'*être* ou de *pouvoir être* note étrangère aux accords employés qui caractérise la *véritable pédale.*

§ 584.—Cependant, il est d'usage de qualifier de pédale une *tenue quelconque* ayant quelque durée, alors même qu'aucun des accords employés ne lui est étranger.

§ 585.—La *tonique* et la *dominante* étant les *notes fondamentales* les plus importantes de la *tonalité,* les *points de repos* principaux, les degrés les plus fertiles en *combinaisons harmoniques* (**), ceux, par conséquent, sur lesquels on peut *insister* le plus longtemps; ces deux notes sont, à beaucoup près, les plus favorables pour former de *véritables pédales.*

§ 586.—Les *pédales* de *tonique* et de *dominante* peuvent se faire à une *partie quelconque.*
Une pédale placée à la *partie aigüe* se nomme *Pédale supérieure.*
Celle qui occupe l'une des *parties du milieu* se nomme *Pédale médiaire.*
Celle qui se trouve à la *partie grave* se nomme *Pédale inférieure.*
Cette dernière est *la plus usitée.*

PÉDALES SUPÉRIEURES

PÉDALES MÉDIAIRES

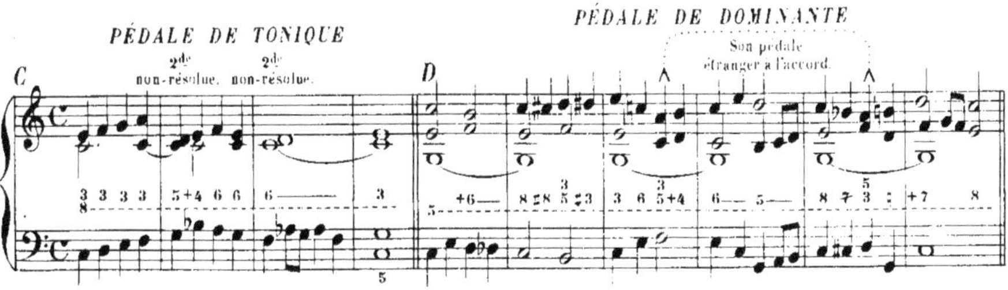

(*) Ce nom a été donné aux notes de cette espèce, parce qu'on les fait entendre sur l'orgue avec le clavier des pieds ou clavier de *pédales* pendant que les mains exécutent l'harmonie sur les autres claviers.

(**) On doit se rappeler que le 1ᵉʳ et le 5ᵐᵉ degré peuvent porter, entr'autres accords: ceux de $\frac{5}{3}$, $\frac{6}{4}$, $\frac{7}{4}$, $\frac{9}{7}$, +7, $\frac{+7}{6}$ etc...

PÉDALES INFÉRIEURES

§ **587.**—On a vu (§ 582) que la *pédale* peut être *note étrangère* à quelques-uns des accords employés pendant sa durée. Cette règle n'est point applicable au *premier* et au *dernier* de ces accords: la *pédale doit en faire partie*.

§ **588.**—Avec une pédale *supérieure* ou *médiaire*, il est rare qu'on puisse faire *deux accords consécutifs* qui soient *étrangers* à la note pédale.

§ **589.**—Les *enchaînements harmoniques* établis sur une *pédale inférieure* qui leur est *étrangère* doivent être *aussi corrects* que si la pédale n'existait pas.

§ **590.**—Dans les passages où la pédale inférieure est étrangère aux accords employés, *la partie qui en est le plus rapprochée* devient, momentanément, la *vraie basse de l'harmonie:* c'est alors cette partie qui doit être *chiffrée;* car, il serait souvent difficile d'indiquer clairement certains accords sur une pédale avec laquelle on ne pourrait les analyser. (Voir les Ex. *E. F* qui précèdent; les jouer sans la pédale.)

§ **591.**—Pour ce qui est des *pédales supérieures* et *médiaires* qui ne font pas partie de tous les accords qui les accompagnent, on peut les indiquer au moyen de la *barre de continuité* qu'on place à la suite du *chiffre* représentant la *note-pédale* à son point de départ. (Voir les Ex. *A. B. C. D* qui précèdent.)

DOUBLES PÉDALES

§ **592.**—On emploie souvent à la fois la *Pédale de tonique* et celle de *dominante:* la *première* occupant la *partie grave;* la *seconde,* l'une quelconque des autres parties, mais principalement,ou la *plus rapprochée de la basse* ou la *plus aiguë.* (*)

(*) Les *Pédales* sont souvent accompagnées de suites alternatives de *tierces,* de *quintes* et de *sixtes* comme celles des Ex. *G. H.*

RÉALISATION VOCALE des ACCORDS ASSOCIÉS aux PÉDALES

§ 593.—Sauf de rares exceptions, aucune des *notes intégrantes* des accords placés sur une *pédale inférieure* ne doit s'approcher du *son-pédale* à distance d'un *demi-ton chromatique*.

§ 594.—Aucune des *notes intégrantes* de l'harmonie ne doit former *seconde mineure* soit *simple*, soit *redoublée* (non plus que le *demi-ton chromatique*) au-dessous d'une pédale *supérieure* ou *médiaire*.

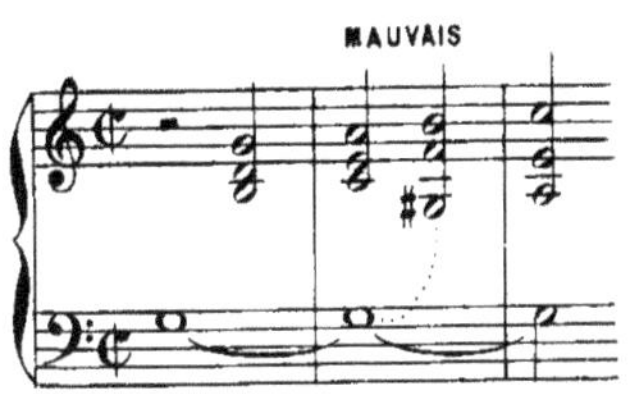

§ 595.—Néanmoins, en partant de l'*unisson* de cette *note pédale*, on peut descendre par demi-tons (l'un diatonique, l'autre chromatique) malgré le frottement de *seconde mineure* que cela produit en passant, pourvu que ce frottement soit de *courte durée*.

§ 596.—On *double* parfois la *note-pédale* à une ou à *plusieurs octaves*, surtout en écrivant à cinq ou six parties.

On doit, alors, observer les *règles de réalisation* des §§ 593 à 595 à l'égard de chaque pédale.

DISSONANCES DOUBLÉES par la NOTE FORMANT PÉDALE

§ 597.—Toute espèce de *dissonance diatonique* (qu'elle soit dissonance naturelle, septième par prolongation, retard, note de passage, broderie, etc...) peut être doublée par la *note-pédale*. (Voir les exemples A. E. F.)

LEÇON
pour l'emploi des pédales.

DE L'APPOGGIATURE

§ **598.**—Le mot *appoggiature* dérive du verbe Italien *appoggiare* (appuyer).
Dans le sens absolu du mot, *l'appoggiature* est donc une note sur laquelle doit porter *l'accentuation principale*. Aussi, cet ornement se trouve-t-il généralement sur une *partie relativement forte* de la mesure ou du temps.

Toute appoggiature placée dans ces conditions est une *appoggiature expressive* ou *véritable appoggiature*.

(C'est comme un *retard sans préparation*.)

§ **599.**—Cependant, on emploie quelquefois *l'appoggiature* sur une *partie* de la mesure relativement *faible*.

Si, néanmoins, cette appoggiature est plus *accentuée* que sa note principale, c'est encore une *appoggiature véritable* ou *expressive*.

§ **600.**—Mais, lorsque *l'appoggiature* placée au temps faible *n'est pas accentuée*, et qu'au contraire, elle semble *s'appuyer sur sa note principale*, ce n'est qu'une *appoggiature faible*.

§ **601.**—Les appoggiatures écrites en *petites notes barrées* sont toujours des *appoggiatures faibles*, parce qu'elles s'exécutent avant le frappé du temps et que l'accentuation porte sur leur note principale.

§ **602.**—Une *appoggiature expressive* peut être d'une *longue durée*,

tandis qu'une *appoggiature faible* doit être *brève*. (Ex. *C* et *D*)

§ **603.**—L'appoggiature expressive s'emploie, principalement, dans la *partie* supérieure; (Voir les exemples *A,B,E.*)

à moins qu'on ne fasse des *appoggiatures simultanées,* auquel cas les *parties in- termédiaires* peuvent en re- cevoir.

§ **604.**—Pour faire un bon usage de *l'appoggiature expressive* à la *basse,* il faut un goût très sûr ou une grande expérience.

RÈGLES de RÉALISATION

INTERVALLES MÉLODIQUES

§ **605.**—Les *sauts mélodiques* généralement défendus, tels que les *septièmes,* les *neuvièmes* et les intervalles *diminués* ou *augmentés,* sont **admissibles** lorsque des deux notes formant ces intervalles la *dernière* est une *appoggiature.*

MOUVEMENTS HARMONIQUES

§ **606.**—En principe, une *appoggiature* ne peut sauver ni *deux quintes* ni *deux octaves* consé- cutives formées par les *notes réelles* de l'harmonie. **Pour être correct, il faut pouvoir** *supprimer* toute appoggiature sans qu'il en résulte aucune faute de ce genre.

FAUSSES RELATIONS PERMISES

§ **607.**—On permet la *fausse relation* qui peut exister entre *l'appoggiature inférieure* obtenue par *altération* et une *note réelle* la précédant immédia- tement.

EXERCICE

Introduire des appoggiatures dans les marches suivantes.

Ecrire *de deux manières* celles qui sont surmontées des N⁰ 1 et 2 et selon les indications données.

N⁰ 161.

Nᵒ 1.— Appoggiature supérieure de la tierce.
Nᵒ 2.— Appoggiatures supérieures de la tierce et de l'octave.

Nᵒ 1.—Appoggiature supérieure de l'octave.
Nᵒ 2.—Appoggiatures supérieures de l'octave et de la tierce.

A

B

Nᵒ 1.— Appoggiature inférieure de la tierce.
Nᵒ 2.— Appoggiatures inférieures de la tierce et de la quinte.

Nᵒ 1.—Appoggiature supérieure de l'octave.
Nᵒ 2.—Appoggiatures supérieures de l'octave et de la tierce.

C

D

De l'ANTICIPATION et de l'ÉCHAPPÉE

§ 608.—*L'anticipation* est une note qu'on fait entendre *avant l'accord dont elle doit faire partie*, et qui, par conséquent, *anticipe* sur les autres notes de cet accord.

Cet *artifice mélodique* ne se fait, généralement, qu'en *valeur brève;* et toujours sur un *temps faible*, ou mieux encore, sur la *partie faible* d'un temps.

Il n'est guère usité que dans la *partie supérieure*, dans la *basse* ou dans la partie qui contient la *mélodie prédominante*, à moins d'être pratiqué dans *plusieurs parties à la fois*, ce qui produit des *anticipations simultanées*. (Nous désignons l'anticipation par l'abréviation An.)

ANTICIPATION DIRECTE—ANTICIPATION INDIRECTE et ÉCHAPPÉE

§ 609.—L'anticipation est *directe*, lorsque la *note qui anticipe* est *la même* que *celle dont elle est suivie;* (Voir les exemples qui précèdent.) elle est *indirecte* quand la *note d'anticipation* est *différente de celle qui lui succède* dans la même partie. (Voir l'exemple suivant.)

§ 610.—L'*échappée* est une sorte de *broderie à résolution irrégulière*, dans laquelle résolution on fait l'*élision* de la note brodée: ce n'est souvent qu'une *anticipation indirecte*.

§ 611.—L'*anticipation* directe et l'*échappée* peuvent s'appliquer aux *notes de passage* ou d'*ornement* comme aux notes essentielles.

EXERCICES

Introduire des *anticipations directes* dans les marches suivantes.
Ecrire de *deux manières* celles qui sont surmontées de l'indication N°s 1 et 2.

N° *162.*

Introduire des *anticipations indirectes* et des *échappées* dans les marches suivantes.

DE LA SYNCOPE

§ **612.**—On sait que la *syncope* est une note qui *commence* sur une *partie faible* de la mesure ou du temps et qui se *continue* sur une partie *plus forte*.

§ **613.**—A la faveur du *rythme syncopé* on peut *retarder* ou *anticiper* l'attaque d'*une* ou de *plusieurs notes* d'un accord, et même de l'*accord tout entier*.

De ce *retard* ou de cette *anticipation*, peuvent résulter des *dissonances* dont la résolution est *irrégulière;* les syncopes qui produisent de telles dissonances ne doivent avoir que peu de durée pour être supportables; aussi, ne les emploie-t-on qu'en *valeurs* assez *brèves*.

§ **614.**—On peut se servir de la syncope pour le *retardement* ou l'*anticipation* d'une note de *passage*, d'une *broderie* ou d'une *appoggiature*.

De la BARRE d'ANTICIPATION

§ **615.**—La *barre d'anticipation* est le contraire de la barre de continuité:(§§ **142** et **143**) Elle se place *devant le chiffre* et indique que l'*accord* représenté par ce chiffre, doit être attaqué *avant la note de basse* sur laquelle il est placé.

Cette *barre d'anticipation* s'emploie beaucoup sur une *basse syncopée* formant retard.

FIN DE L'ABRÉGÉ DU COURS D'HARMONIE

TABLE DES MATIÈRES

PREMIÈRE PARTIE

HARMONIE CONSONANTE

DEUXIÈME PARTIE

HARMONIE DISSONANTE NATURELLE

TROISIÈME PARTIE

HARMONIE DISSONANTE ARTIFICIELLE

FIN DE LA TABLE DES MATIÈRES

Paris—Imp. A. Chaimbaud et Cie 18, Rue de La Tour-d'Auvergne.